Anwyddoldeb

Laura

Anwyddoldeb

ELINOR WYN
REYNOLDS

*Diolch am dy
anwyddoldeb
Cariad,
Elinor*

Cyhoeddiadau
barddas

ⓗ Elinor Wyn Reynolds / Cyhoeddiadau Barddas ©
Argraffiad cyntaf: 2022
ISBN: 9781911584605

Cyhoeddwyd gan Gyhoeddiadau Barddas.
www.barddas.cymru

Darlun y clawr: ffotograff wedi ei dynnu gan
Aled Llywelyn o 'Five Ways' gan Sarah Snazell.
Dyluniad: Rebecca Ingleby Davies.
Argraffwyd gan Y Lolfa, Tal-y-bont.

I Caspar a Syfi

Cynnwys

Cynnwys

Gair byr am y gair 'anwyddoldeb' ...

Peidiwch â mynd i chwilio mewn geiriadur, dydy'r gair ddim yn bodoli. A dydw i ddim am i chi feddwl chwaith mai dewin geiriau ydw i, sy'n rhithio geiriau allan o ddim. Mi ddweda i'r stori wrthoch chi.

Pan symudon ni'n deulu o Dreorci i Gaerfyrddin 'nôl yn y saithdegau, meddyliodd fy mam a fy nhad eu bod nhw wedi cyrraedd y nefoedd o ran y Gymraeg. Achos, yng Nghaerfyrddin roedd pawb yn siarad Cymraeg, yn doedden nhw. Doedd dim angen chwilio a chrafu am bobl i whilia Cwmræg gyta nhw.

Rhof i enghraifft i chi. Yn y ciw am ffish a tships un noson, fe glywodd 'y nhad sgwrs ... na, trafodaeth frwd ... danllyd hyd yn oed ... am p'un ai benywaidd neu wrywaidd oedd y gair 'risol'. Dwy neu ddau risol? A'th hi'n dân siafins mae'n debyg, roedd barn gref gan bawb yn y ciw. Mi dasgodd adre'r noson honno a'r stori'n rhoi blas anghyffredin i'r pysgod a'r sglods.

Lle fel'na oedd Gyfyrddin.

Ta p'un 'ny, un tro, dychwelodd fy mam o ryw noson gymdeithasol gan gydio'r gair 'anwyddoleb' yn dynn yn ei llaw gynnes. Ar ddiwedd y noson, rhoddodd rhywun bleidlais o ddiolch i'r siaradwr gwadd gan, 'ddiolch am eich anwyddoldeb'. Anwyddoldeb? Beth, yn enw pob dim rhesymol a da, oedd ystyr y gair dieithr hwn? Plymiodd fy nhad i ganol ei eiriaduron, a dod allan yn waglaw.

Doedd dim shwd fath air ag 'anwyddoldeb'. Felly, tybed oedd gan yr un fu'n cloi'r noson mewn golwg wrth ddiolch am 'anwyddoldeb'? Oedd ots? Oes ots? Daeth y gair yn rhan o eirfa'n teulu ni. Mae'n Swiss Army Knife o air sy'n gallu gwneud llawer o bethau ac sy'n handi ar gyfer bob math o achlysur.

Gyfeillion, mae'r gyfrol hon yn llawn anwyddoldeb. Cyfrol sy'n cynnwys cerddi o gyfnod sy'n rhychwantu dros bum mlynedd ar hugain yw hi, ac fel y gallwch ddisgwyl felly, mae'n gorlifo ag anwyddoldeb.

A nawr, cyflwynaf y gair 'anwyddoldeb' i bob un ohonoch, er mwyn i *chi* wneud beth bynnag a fynnoch ag ef, ei ddefnyddio'n gwmws fel yr hoffech, ymha gyd-destun bynnag sy'n taro. Mae'n air at iws.

Cyn gorffen, hoffwn ddiolch i chi, am eich anwyddoldeb chithau.

Elinor Wyn Reynolds

Medi 2022, Gyfyrddin

Ma Mam yn dweud

Ma Mam yn dweud 'mod i'n ferch fach bert
pan fo 'ngwallt mewn bwnshys
a fi mewn blows a sgert.
Ond ŵyr Mam ddim am y trwbwl
wy'n cael pan fydd bechgyn yn 'rysgol yn tynnu 'ngwallt;
'se'n well peidio cael bwnshys o gwbwl.

Ma Mam yn dweud 'mod i'n ferch fach ddeallus
a bod rhaid gwneud yn dda yn yr ysgol
er mwyn cael tŷ neis a gŵr golygus.
Ond ŵyr Mam ddim am fy nghynllunie
i fyw'r bywyd sengl,
a bod yn bennaeth ar gwmni gwerth miliyne.

Triongl tragwyddol

Parodd ein cyfarfyddiad cynta
i fi ganu yn y glaw,
ond,
gadawodd dy eiriau ola
fi'n fud a dwys
yn yr heulwen.

Cyn bo hir,
fe af yn ôl i'r man o'r lle dois i.
Cyn bo hir,
fe ddaw'r gaeaf,
ond wna i fyth anghofio'r lle hwn,
na tithau,
na'r dyddiau haf.

Dim ond gwên ac osgo pen,
a'r ffordd y gelli di 'nheimlo i'n
edrych arnat ti;
rydw i'n dal i anghofio
nad y'n ni'n gariadon
eto.

Pellter

Edrych draw cyn belled â'r mynydd acw,
draw yn y pellter, wel'di?
Dyna ble mae perffeithrwydd yn byw.
O'r fan yma,
fe'i gweli'n gorwedd ar y grib
fel hen lonyddwch diog, smala,
nad yw'n symud ymhellach
nac agosach,
wastad ar dy feddwl
ond byth y tu hwnt i'r mynydd.

Os wyt ti'n hanner cau dy lygaid
gelli synhwyro'r amlinell fodlon, foliog,
rhyw damed yn uwch na'r copa,
a'r niwl ar lawr y dyffryn
yn lolian dros y gwyrddni
sy'n wyrddach nag unrhyw beth yma.
Paid ag edrych gormod i'w gyfeiriad,
cei dy ddallu, gwyrdroi'r synhwyrau,
a difa'r awch am fywyd fan hyn
yn y caeau melyn gan suro'r cnydau i'w gwraidd.

Ces syniad *really* dda am gerdd yng Nghynwyl Elfed

Mae'r syniad yn fy synnu drwy neidio mas i ganol yr hewl
yng Nghynwyl Elfed yn hy i 'nghynhyrfu.
Sgrech teiars car ac arogl rwber fel
brwmstan yn fy nostrils,
wy bron â chreu damwain lenyddol yng nghefn gwlad Cymru.
Syniad *Really* Dda am Gerdd sydd yno
yn fy nharo â physgodyn gwlyb yr awen yn llawen
ar draws fy ngwep yn glep.
'Hei! Ti! Syniad *Really* Dda am Gerdd ydw i!'
Ac yna, mae'n dringo i ben to'r capel,
jyst allan o gyrraedd fy mysedd newynog, diawen, crafangus.
Daro ti, Syniad *Really* Dda am Gerdd!
Daro ti am ddianc i ben to
i lechu ar y llechi yno.
Paid aros yno i 'nhemtio!
Diflanna i'r nos! Dos! Da ti!
Gad fi yma. Cer! Sa i moyn dy biti!

Sgwn i beth wyt ti, both bynnag?
Pa fath o gerdd fyddi, pan gei di dy eni?
Cerdd fel arogl pluen yn disgyn o'r nen?
Wyt ti'n daith annisgwyl i nunlle,
hunlle lle mae lleianod yn llefain,
wylofain main,
chwerthin gwallgo mewn chwarel rhywle,
sibrwd sidan coban foethus,
cof am rywbeth na fodolodd erioed,
ysbryd coed gofidus ...
Y math yna o beth, mae'n siŵr.

Felly, fardd, paid byth â chysgu
rhag ofn i ti golli
yr un gerdd ddisglair wen, yr em,
yr un fydd yn dy wneud yn enwog,
dy urddo'n fardd tu hwnt i'th glytwaith geiriau carpiog.
Dysga neidio'n uchel i ganol llif cerrynt tawel yr awel
i gipio'r Syniad *Really* Dda am Gerdd bondigrybwyll o'r to
a'i ddal yn sownd yn dy ddwylo, a'i anwylo.

Pocedi dwfn

Rwy'n cadw fflyff yn fy mhoced
rhag ofn bydd ei angen
i lenwi twll neu agen rhywle,
crac yn ochr y byd,
llyn sy'n gollwng dros ochr dibyn,
neu jyst ei stwffio i hen geg sy'n lapan lot gormod o hyd.

Rwy'n cadw fflyff yn fy mhoced
fel tanwydd ymfflamychol i roced sy'n styc i'r ddaear,
fflyff ffrwydrol, gwreichionol,
digon i'w danfon ymhell tu hwnt i'r sêr a'r entrychion;
neu'n wallt i ddyn moel
i'w gadw'n gynnes rhag embaras noeth
llygaid miniog y rhai pennau gwalltog.

Rwy'n cadw fflyff yn fy mhoced
er mwyn ei hwpo yn fy nghlustiau
pan fydd athro'n gofyn cwestiwn anodd am symiau.
A phan fydd e'n gweiddi, 'Beth sydd rhwng dy glustiau di?'
bydda i'n gwenu ac ateb, 'Dim byd, syr. Dim ond cynnwys fy mhocedi.'

Sgidie chwim chwimwth

Dwi'n clymu'r careiau'n dynn a chyn y medri di ddweud
Un! Dau! Tri!
Bant â fi!
Ar dân lawr y dyffryn, fel fflamia hyd y ffyrdd, mellten dros y mynydd,
ar wib fel bwled o wn, yn gynt na'r gwynt, yn fwy chwim na chath i gythrel.

Mae'r *go faster stripes* yn gweithio'n grêt,
dwi'n hedfan ynghynt na'r tylwyth teg,
yn rhuo fel rheg o geg drwy lonydd culion,
dwi'n gyflymach na'r un enaid byw yn fy sgidie hud
sydd wedi'u gwneud o ddim byd mwy nag awyr a phlu ...

Yn boethach na chyllell drwy fenyn
dwi'n frenin ar ras
yn gwibio i bob man, ffwl sbid, yn cyrraedd cyn i fi adael
a'r sgidie gwych yn dynn ar fy sodle.
Af sawl gwaith o gwmpas y byd
cyn gorffwys ar fy sgidie ac oeri fy modie.

Ga i dri phwys o foron, os gwelwch yn dda?

Pan ti'n dysgu Cymraeg, mae'n bwysig adnabod dy lysiau,
ac mae gwybod y gair am 'foron' yn hanfodol,
i dy helpu weld yn well,
i graffu'n bell mewn i'r treigliadau a thu hwnt i ferfau,
i beidio baglu dros gystrawennau a gwneud ffŵl o ti dy hun.
A ti'n eistedd mewn car cŵl gyda dy fêts
yn hongian allan, yn tshilio i guriad y grŵf,
yn gwrando ar dâp o frawddegau poli parot yn yr heniaith,
sy'n llond ceg ond yn cynhyrfu'r gwaed a symud y traed.
Ti'n clicio bysedd i glec y Gymraeg
sy'n bigog ac yn llyfn yr un pryd.
Ti am lapio dy dafod o gwmpas y geiriau,
ac mae'n gwneud i ti wenu.

Ambell waith, mae'r llif yn rhy gryf i nofio yn ei erbyn, ddyn,
felly plymia i ganol yr iaith;
mae'n ffaith wedi'r cyfan, os ma hi yw'r 'du newydd',
nad aiff hi byth mas o ffasiwn.

Gwallt

Rhyw ddiwrnod, fachgen, gwnei golli dy wallt a pharchuso,
ond ddim heno.
Mae dy fop di'n rhy wyllt i'w reoli,
yn fôr o fywyd
a choron ar dy ieuenctid.
A thra bo gen ti don ar ôl ton o flew hirion am dy ben,
gwna bethau gwirion,
cyn i ti golli arni, da ti.

Sglefria lawr mynydd jeli,
gwisga snorcel i'r gwely,
cymra wersi canu gyda Pavarotti
a phaid anghofio dod â'r ci i udo deuawd 'da ti.

Saf ar dy ben mewn siop hetiau
a mynnu sombrero i bob troed yn lle esgidiau,
yf dy goffi'n borffor a chryf,
cadwa lun yn dy boced o dy hoff bryf (a'i enwi).

Gyrra fodur anweledig drwy lolfa dy fam bob dydd Sadwrn,
cychwynna syrcas chweiniog chwe cheiniog ar dy arddwrn,
cymer gnoad o frechdan pawb wrth fynd heibio
a bydd yn lama yn amlach na pheidio.

Paid anghofio hyn oll wrth i ti heneiddio
a'r gwallt ar dy ben ddechrau teneuo,
paid gadael i foelni dy gopa dy foelyd di –
arhosa'n ifanc cyn hired ag y medri.

Dau ar feic

Fe godon ar adain y gwynt
a'r ddau ohonom yn hwylio ar ddwy olwyn,
yn glou, fel anadl frysiog ar wydr
ar ein beic arallfydol,
yn ddistawach na'r dŵr sy'n llifo,
ac mae'n gwaed ni'n dewach nag afon Taf.

Teithio'n wibiog hyd lonydd aflonydd
dan bontydd cyfrinachol canol y ddinas
yn rhy gyflym i glywed neb yn gweiddi negeseuon coll arnom.
Dyma ni mewn byd tu hwnt i hymian a thagu traffig,
hwyian heibio,
heb aros i wrando honcian cyrn dieflig
cerbydau'r tagfeydd trasig
ond yn ddigon agos i fwytho ceseiliau pluog y brain pygddu
heb iddyn nhw sylwi.

Jyst ni'n dau a neb arall yn gwybod
am ein hynt gudd, ni'n gynt na'r gwynt drwy'r coed
lle cei dy suo i gysgu ar y sedd gefn gan sawr y garlleg gwyllt,
dy gipio gan yr awel i rywle tawel
ble mae'r coed wedi hen flaguro
a losin siocled breuddwydiol yn hongian yn drwm
oddi ar bob cangen
yn ddigon isel i fachgen teirblwydd estyn a chael ei wala
rhag peidio â bod ar lwgu, byth.

Ninnau ar ein *über*-taith
gan anwybyddu hen ddynion blin a'u drewgwn
yn dweud y drefn am seiclo ble na ddylem.

A than y bancyn mae bechgyn drwg
yn cuddio rhag yr ysgol yn dawel
fel sibrwd
gan esgus bod yn sbwriel sy'n symud gyda'r llif
a chwtsho lan gyda'r hwyaid a'r bilidowcar,
chwarae triwant gyda thwrw'r dŵr
sy'n berwi dros y rhaeadr.
Shhh ... fydd neb yn gwybod eu bod nhw yno,
dim ond ti a fi.

Ni'n dau'n gwibio drwy'r goedwig
fel arwyr drwy ein stori fawr
yn gweld popeth sydd i'w weld
ar hyd y llwybr troellog
tua rhywle
lle mae'r haul yn llachar.

Chwennych esgidiau

Y tymor hwn, mae angen arnaf
agendor enfawr ffasiynol o ddu'n agor o 'mlaen i,
chwant *haute couture* yn cydio'n newynog amdanaf.
Rwy'n chwennych esgidiau i'm gwneud i'n gyflawn,
i 'nghwblhau i,
mi fydda i'n well person mewn sodlau,
yn codi uwch y gweddill, yn fenyw â chic iddi,
bydd gan fy enaid fwy o *soul*
a chlic pendant i 'ngherddediad.

Mae fy llygaid ar y lledr main
ddaw o Sbaen neu'r Eidal,
yr esgid berffaith, campwaith gwyrthiol,
nid rhyw hen slaps o sandal.

Stydiau'n stecs secsi drostyn nhw,
sîcwins yn fflasio'n ddeniadol,
yn gorffwys yn *chic* mewn ffenest *boutique*
yn dweud pethau hollol amhriodol, ymfflamychol ...
'Dere mlân,
bydd yn effro i'r cyffro masnachol,
rho dy draed yn ein cysegrfannau sancteiddiol,
paid â gwrthod, paid bod yn ffôl.
Gad i ni fod yn un, ti a ni, ni a ti,'
medd y sgidiau sili'n clici-clecian.
Cau clustiau
rhag clywed clepian a phrepian y tafodau lledr llac
a chlip-clop tanllyd taranllyd *high heels*
yn stampio a mynnu eu bod nhw yma – ta-raaaa!

Agor un llygad a gweld y pris,
torri mas yn chwys drud drosta,
swm tri ffigwr yn nofio heibio,
swm na fedra i ei fforddio,
swm fyddai'n fy mancryptio.

Ond mae'n *rhaid* i mi eu cael,
eu meddiannu, eu mwytho, eu gwisgo,
eu hanwylo,
eu rhoi nhw ar y ford a jyst ... eu gwylio.
Ma nhw'r un lliw â handbag fy mreuddwydion gwylltaf,
yn bâr godidog,
yn unigol, esgid ingol unigryw ... 'blaw am ei chymar.

Ceisio cyfiawnhau'r gost i mi fy hun ...
haneru'r pris ... hyn-a-hyn yr esgid ...
gweithio mas gwerth pob cam,
gris wrth ris,
ac mae'r bil yn mynd yn is ac is ...
mae'r baich yn sidan o ysgafn ar fy sgwydde.
Gaf i wêr mas o'r rhain!

Plygu'r plastig 'sbod e'n tasgu,
llyncu, cymryd y bag,
diolch ...
gwenu ...
a'i heglu hi,
rhedeg fel ffŵl ffwl pelt sha thre.

Wythnosau'n ddiweddarach
wedi i'r sioc o wagio 'nghyfri bylu,
camu mas i olau dydd yn sigledig yn fy sgidie
fel eboles flwydd,

prancio o flaen y drych yn bles.
God! Ti'n gorjys! Yn *foxy*! Yn ffantastic!

'Sgidie newydd?' medd y gŵr.
'Beth? Yr hen bethe 'ma?
Wedi bod 'da fi ers oes pys, siŵr.'

Ystyriwch beth fyddai'r sefyllfa pe na baech wedi codi o'r gwely'r bore 'ma

Fysech chi heb weld yr haul
ar ongl mor annaturiol o brydferth
mewn golau mor rhyfedd
yn golchi wynebau pawb mewn gwawl boreol.
A phan arhosoch chi am eich trên,
fysech chi heb deimlo'r awel gynnar yn chwythu
a chwarae gyda theis blinedig y rhai â wynebau swyddfeydd a llygaid
      cyfrifiaduron,
papurau sglodion oer yn seimllyd gan ddathlu
a chyfog neithiwr wrthi'n ymgasglu'n swrth mewn corneli tywyll.
Fysech chi heb flasu
clatsien realaeth y coffi cyntaf
yn mynnu'ch bod chi'n deffro ac arogli'r diwrnod gwych arall hwn
      sydd i ddod.

Buasech chi wedi aros yn y gwely
a breuddwydio am gwrlidau a chynfasau gorffwysol,
menywod â gwalltiau euraidd trydanol,
plu a phlant a fflwcs,
cymylau ac angylion,
hadau hud wedi'u cadw'n saff mewn cledrau llaw,
coed cysgodol a'u canghennau claear,
teyrnasoedd cyfain ar daen dros flanced
o'ch blaen,
dinasoedd maint botwm yn y crychau cotwm
a'r cyfan yn drymlwyth diog gan gwsg.

Ac felly,
chollwch chi ddim oll
o dan yr amgylchiadau.

Brenda bi-bîp

Ma Brenda Bi-bîp ar y tils 'to,
yn gwisgo'r dydd fel hen oferôls gwael,
y static yn gwreichioni ymhobman
heblaw am i bywyd personol.
Ma Brenda Bi-Bîp ar y lwc-owt
o tu ôl i'r tshec-owt,
yn disgwyl hync i
rowlio lawr y confeior-belt ffwl pelt,
ei far-cod yn y golwg yn ewn i gyd.

Smo Brenda'n sofft, chwel',
dyw'r shelff-stacyr hon
ddim *ar* y shelff, peidiwch meddwl 'ny,
dim ond bod yn *choosy* ma Brenda ni.
Dala'n sownd ac aros i'r dyn iawn
rowlio lawr eil rhif tri,
cyn rowlio lawr yr eil gyda hi,
fel troli gwallgo wedi'i ddofi.
Bydd e'n dal â gwallt tywyll a llygaid i fatshio,
digon o fysls yn fflashio, gwên i swyno'r sêr
yn ddyn i gyd, ond ddim yn rhy *macho*,
a ma hi ffaelu penderfynu a yw hi moyn e
heb neu wedi'i fwstashio.
Ma lyf laiff Brend ishe'r cis o' laiff – desbret!

Ma Brenda'n edrych drwy drolis bois y dre yn eiddgar,
y bathodyn gyda'i henw'n sheino fel golau neon *come-and-get-me*,
yn datgan yn hy,
"Co fi, bois, 'co fi! *I'm free*, bois! *Cooo-eeee!*'

Mae'n cadw llygad barcud am
meals for one a *single portions* o bob dim
er mwyn cael rhubanu *oneliners* bachog
dros dil trydanol ei thafod miniog ...
'W ... ma'r sbageti boloneis 'ma'n ... neis ...'
Bi-bîp
'Chi'n ca'l dou am bris un 'da'r rhain ...'
Bi-bîp
'Chi ishe *cashback*?'
Bi-bîp
'Cymrwch fi, cymrwch fi nawr, syr! Oferôls an' ôl!
Licech chi ... bi-bîp ... 'da fi rhywbryd?'

Catch yw Brenda,
y gorau o'r *discount range*,
real cut price chick.
Bargain Bucket Brenda.
Buy one get one free yw hi gyda Brenda.
'Prynwch fi,' medd Brenda.
'Prynwch fi ... plis.'
Bi-bîp ...

LLIWIAU RHYDDID

Parlwr piano

Ystafell wag, lân, lonydd,
dim ar y llawr na'r waliau,
gofod llawn dim byd
yn gadael lle i'r ymennydd.

Styllod pren, ffenest olau –
y gwydr ag ôl bysedd gwyrdd planhigyn arno
a dim ond gwres haul ambell dro a'i wenau melyn,
neu ddeigryn glaw yn llifo.

Heblaw am ... biano ... yno ... yn y canol
yn hwylio fel llong frenhinol â'i llond o nodau lliw, llesmeiriol,
neu gath sgleiniog ddu yn dangos ei bola a'i phen-ôl yn rhywiol.
Bechstein barus, pry copyn soniarus y lolfa'n nyddu'n gerddorol,
a phob nodyn swynol unigol yn hongian
gerfydd edau brau lliw dyheadau, yn uchel yn yr awyr.
Tincial breuddwydion tylwyth teg yn nofio ar don ar ôl ton o gysur alawon
heb synnwyr, dim ond teimladau, gobaith a gofidion.

Teimlo lliw'r nodau'n treiddio heb feiddio
newid dim arno,
dim ond mwynhau'r lliw-ddawns ym mêr yr esgyrn eto ac eto.
Teimlo'n wyrdd un funud, melyn a choch wedyn, yn llawn enfys heb
    esbonio.

Peintio'r parlwr â nodau peraidd,
papuro pob pared
mewn om-tidli-om-pom.

Ar ôl gwasgaru nodau'n ddi-hid ar hyd y llawr
a'u sŵn ar drai,
eu gadael i wywo fel petalau,
cof am ddagrau stêl a hen gariadau
yn para'n hirach na sain y nodau.

Gwyn

Dwy wraig siâp dishgled fach glou a sawl sleisen teisen 'ddylwn-i-ddim'
yn ormod
yn cwrdd mewn caffi –
dau ben, un sgwrs yn codi'n stêm o gwpan.
'Glywest ti am honna lawr 'rhewl? *Yr hussy!*'
        'Na'th hi ddim! Ffor shêm! Mae'n amlwg nad yw hi'n *fussy!*'

Dwy farshfalwen fawr mewn ffrogiau
yn rhoi'r byd yn ei le,
llyfu'r plât *gossip* yn lân rhyngddynt
â'u chwip tafodau.

'Yn sytyn daw dydd Satwrn, ys gweto Mam-gu,
ond na'th hi briodi fel 'se Sadyrne'n bring.
Priodi cyn bo' hi'n gall, ma colled arni, myn yffach i!'
        'Rial *shot-gun wedding!*'

'Ma'n rhaid bod ei rhieni hi jyst mor siomedig,
dim cacen, dim car, dim *caterers*,
dim *reception*, dim *speeches*, dim *champagne*,
dim *wedding day stress* na *big dress* yn enwedig.'
                              'A'n fwy na 'ny, glywes i bod hi 'di priodi mewn du!'
'Naddo! Y witsh!'

                                                              'Do!
                              A dim ond llond llaw o dylwth yno'n watsho
                                        yn eu hanoracs yn union fel
                                    'sen nhw'n aros am fws yn yr oerfel,
                              mewn rhyw eglwys fach *shitty* lan sha'r north!'
'Pwy mae'n meddwl yw hi? Amser i ddathlu yw priodas, w!
Family get-together, where blood is thicker than water
an' a father gets rid of his daughter.
The 'appiest day of your life,
the day you become a wife.
The day you say "I do",
an' your 'usband gets to take care of you.'

Mae'r ddwy'n blasu'r stori ar wefus farus yn awchus,
yn ddihalen ond yn llawn beirniadaeth hallt,
danteithion tudalennau cylchgronau clecs y stryd gyhoeddus.

Ond dwi'n poeni dim yn llawen.
Ddeuddydd cyn y Dolig
ein hanrheg ni i'n gilydd oedd cydio bywydau am byth
a phlethu addewidion.

Pawb mewn du priodasol yn cadw cwmni i'r gaea.
Ydy hi'n bwrw eira tu allan?
Weli di ôl dy draed drwy dy fywyd
yn dangos o ble doist ti ac i ble mae'r cyfan yn arwain?
A chwch llawn amryliw olau'n dangos y ffordd yn y bae.

Coch

Ti 'di cyfri un ddafad yn ormod i'r cae nos heno, 'merch i,
a nawr, ti'n sefyll yng nghanol Stryd Fawr Abercysgu
yn gwisgo dim ond gwên ar dy wefus a phâr o bants lliw mefus
digon mawr i ddala holl anrhegion Siôn Corn
neu i guddio beiau cenedl gyfan ar dy din.
A ti'n flin am fod pawb yn syllu arnat ti'n syn
a thithe'n dymuno bod yn bysgodyn amherthnasol,
yn ysgadenyn coch ymhell oddi yma.
A big fish in a little dream.

Plantos llafar yn pwyntio a rhyfeddu,
'Drychwch, Mam! Sdim dillad gan y ledi!
Mae'n borcyn! Yn noethlymun! Yn gwisgo dim amdani!
Drychwch, Mami!'
Ti'n gwrido'n boeth dan dy ddwfe,
yn embaras am dy bredicament breuddwydio,
ti'n teimlo'r gwaed yn pwmpio
ac anfon dy ben di'n strim-stram-strellach
bendramwnwgl i ganol jwngwl rheibus dy feddwl.

Ymlaen â thi'n lew lawr y stryd,
y tymheredd yn codi a'th dymer yn toddi.
Ti'n barod i ffeirio dy enaid
i flasu eisin teisen Lwsiffer er mwyn gadael y man uffernol hwn.
Ti'n profi chwys afreal machlud emosiynol chwil
a denu sylw mil o lygaid a mwy i'th wylio
a'th bants mawr coch yn snyg dan dy geseiliau,
yn ganolbwynt dy hunllef waetha,
a ble, yn enw'r Sandman, mae dy ddihangfa?

Yn sydyn, ar y funud ola, cei slipo drwy ganol dy fotwm bola
a glanio'n dwt ar waelod dy wely,
gan obeithio na fydd neb yn cofio dy gywilydd di.

Oren

Mae dyn dieithr yn sefyll ar bafin, yn gwylio lliw'r nos.
Pwyso'n hamddenol i bwrpas yn erbyn polyn lamp,
gwlychu dan gawod y pelydrau trydan
a diflannu mewn cwmwl o fwg *secret* sigaréts.

Yn y ddinas, caiff popeth ei foddi mewn llif o olau llachar,
lampau'r nos wedi i'r haul gael ei hel o'i batshyn glas.
Mae gan y dyn dienw ddigon o amser
i greu stori amdano'i hun a chuddio
o dan gelwydd cysgod cantel ei het,
mae'n gwylio â llygaid benthyg
rhywun sy'n ei dalu i sefyll yno a syllu.
Mae'n cofio popeth
a chadw pob ffaith ymfflamychol yn ei ben
i'w gyflwyno ar dafod rasel rhywbryd eto.

Yn y nos, mae pob cath yn llwyd,
pob symudiad o dan farn mwmial y lampau crog
a phob sŵn o dan amheuaeth.

Mae hi'n chwarae oddi cartref, medd ef,
yn chwerthin ym mreichiau rhywun arall,
fflamau eu caru'n gwneud iddo wrido,
a phwy yw'r ditectif trymder nos hwn i ddadlau?
Mae'n blasu twyll yn siarp fel tanjerîn ar dafod
a gweld gwatwar hy y tu ôl i wenwyn cyrtens.

Daw machlud ar y golau yn y tiwbiau trydan wth iddi lasu
ac mae'r nos yn colli gafael ar ei phethau erbyn hyn.
Yn niniweidrwydd dydd,
dyw'r ditectif craff ddim yn siŵr o'i ffeithiau.
A welodd yr hyn welodd?
Neu a fu'r cysgodion yn palu celwyddau noeth?

Melyn

Mmmm … moethusrwydd … maldod …
ymlacio a gollwng gafael,
slipo bant
a chofio shwd beth oedd hi i fod yn blant.

Toddi fel menyn diog neu driog tywyll a gwynto
gwres peraroglus coginio cartref
ar gacen euraidd sydd mor ffres ag erioed;
yn fwy bodlon na'r haul a'i fochau.
Cacen jacôs plentyndod
ar ganol bwrdd te i'enctid.

Y cof yn sgleiniog fel ceiniog hen ffasiwn,
crwn a pherffaith fel ddoe.
Hen *cine-film* flewog gaiff ei chwarae drwodd ambell dro
er mwyn chwythu fflyff anghofio oddi arno.

Mae amser
yn plygu'r gwir yn grwm
fel banana,
ond does dim ots am hynny.

Y gwirionedd yw i mi redeg fel fflamia ar draeth crasboeth
yn fy nillad newydd,
fy ngwallt fel llwybr trysor prin yn rhubanu drwy'r awyr,
meddalu 'nhraed mewn graean dirifedi
a dim yn fy mhen
ond am gestyll tywod Dad a'u waliau cedyrn,
a hufen iâ llawn hufen ... a iâ,
ac os tylla i'n ddigon pell, mi gyrhaedda i Ostrelia.

Gwyrdd

Mi ddywedodd Mam na ddylwn
ar unrhyw gyfri
roi fy nhryst mewn dyn sy'n tyfu
pethau gwyrdd da i'w bwyta,
fod 'na rywbeth anonest mewn un sy'n mwynhau mwytho
pridd a thir
cyn cnawd, wir.

'Paid gadael i ddynion â bysedd gwyrdd dy fyseddu di, ferch.
Paid plannu hadau dy serch lle cân nhw'u gwenwyno.
Cadw draw oddi wrth arddwyr sy â dwylo rhofiau,
paid palu twll i ti dy hun, paid credu dyn â gardd.
Rhed! Rhed o gaeau celwydd i'r ddinas onest.
Bydd yn rhydd ynghanol concrit.'

Ond rwy'n gwylio'r garddwr ar ei gwrcwd
yn tendio'i ardd yn dynerach na'i deulu,
yr haul yn codi uwch ei ben fel halo,
a chaf fy nhynnu i ganol ei wên ddreiniog, a 'nal.
Mae'n ffrwythloni popeth mae'n ei gyffwrdd
drwy dwtsho blaen bys yn ddelicet
a 'nghalon yn flanced o fwsog gwlyb, tywyll.

Mi ddywedodd Mam y byswn i'n ffŵl i garu
dyn sy'n caru llysiau.
Ei galon yn rhy llawn o fitaminau iachus
i falio'r un ffeuen am ddim ond ei bethau gwyrddion o.
Ond do'n i ddim yn gwrando.

Gwnaeth i mi lyncu pethau gwyrdd lawr fy lôn goch.
'Sych dy ddagrau a chymer fresychen, fy nghalon,
neu giwcymberen,
letysen, neu o leia ambell ddeilen,' llais llawn cloroffyl.
'Rho gorjét yn dy geg,
rholia bysen rhwng dy foch a'th ddant, teimla'r chwant,
sugna'r maeth ohono.'

Ac o'n i'n gaeth,
ynghrog ar ganghennau – ynghlwm ym mieri breichiau
y gŵr â'r bysedd hirion llawn drain dieflig
a 'nghadw'n garcharor bodlon
yn llannerch ir cariad.

Ac yno y byswn i heddiw,
yn gwrando ar sisial dail mewn perthi siaradus
a phlu adar yn goglais yr awyr ...
hyd nes i chwynladdwr, chwalwr delfrydau, daro heibio ...
ond stori arall yw honno, wedi'i gwreiddio mewn cae arall ymhell oddi yno.

Glas

Yn yr haf mae'r caeau'n drymlas gan flodau
a daw'r plant i chwarae.
Yn yr haf, mae'r awyr dyner yn cleisio'n hawdd, gorlifo â gwres.
Yn yr haf mae pethau da yn digwydd
ac oriau llawenydd yn ymestyn ymhell tu hwnt i orwelion ifanc lastig.

Yn yr haf mae bechgyn bach yn tyfu ar goed,
y blagur trwm crynedig crwm yn byrstio â bywyd gwyllt
sy'n barod i redeg reiat dros y bryniau i bobman
a whilmentan i bob twll a chornel gyda bysedd prysur a thrwynau llaith,
dod i wibio'n wallgo fel glas y dorlan
i guriad pelydrau'r haul.
Y sbarbils bach fel marblis gwydr prin am y cynta
i bowlio o ben y mynydd sydd â chopa llonydd oer iddo,
syllu ymhell i ddyfnder y môr disglair distaw tu draw
a chreu palasau anhygoel ar donnau dyfalu.
A phwy ŵyr faint o bysgod melltennog dulas chwim sy'n yr eigion –
gormod i'w cyfri ond digon i'w dychmygu.

Yn hwyr yn hytrach na'n hwyrach, bydd rhaid gorffwys
a hynny dan goeden gysgodol.
Gadael i gwsg gwlithog ddisgyn dros wyneb pob llwdwn breuddwydiol,
i chwarae gêm dros wefusau a goglais i fyny'r trwyn.
Cysgu mewn caeau o flodau glas llonydd a phob un yn llygadu
cysgaduriaid ifanc wedi llwyr ymlâdd ar ôl chwarae.

Indigo

Daeth yr Indigo Kid i'r dre, ar gefn cwmwl llwch o ddial a thrwbwl
ac mae'n *showdown* ar holl bobol dda Gwalia.
Haul crasboeth ganol dydd ar y paith yng nghefn gwlad Cymru
a phob gobaith am gymod wedi hen ddarfod.

Yn ddenim drwg o'i gorun i'w sbardun,
janglo'n unig drwy strydoedd gwag pentrefi ofnus,
yn barod i ysgyrnygu dannedd ar fenywod blw-rins nerfus
sy'n crynu tu ôl i gyrtens menopôsal.

Mae am ddwyn babanod
sy'n prysur gysgu fel cactys yn eu gwlâu,
gwneud iddyn nhw grio yn eu cwmwl clytiau
a hiraethu'n dorcalonnus am eu mamau.

Dyn dewr sy'n meiddio croesi'r Kid.
Mae'n gandryll am bethau rhy hen i'w cofio,
yn gwrthod tyfu fyny, yn strancio a phrancio
fel bronco, mae am aros yn ifanc am byth.

Cowboi canol oed mewn dillad rebel –
yr un hen stori, hen foi mewn siwt newydd,
toupée a chorset, yn ceisio byw celwydd –
mae'n llofrudd, ac amser yn waed ar ei ddwylo.

Yn ei jîns tyn mae'n bwyta tun o fîns
a daw gwynt teg cyfiawnder i chwythu o'r de,
mae'r Kid yn gweld mai dros y gorwel bob tro mae ei gartre
ac na fydd gorffwys byth, oherwydd ... diwrnod arall yw yfory ...

Fioled

Mae'r neges neon yn fflashio'n secsi fatha faricos feins ffansi:
'Croeso i'r Ultraviolet Club and café bar for the discerning male'
lle ma dynion ofnus yn cuddio ym mhocedi ei gilydd rhag y byd
a lle ma merched yn bethau i gael laff go iawn amdan.
Cerddoriaeth yn bwman yn biws o grombil tywyll
a'r jôcs jiwsi'n biwsach fyth o enau stand-yp fflabi, fflopi.
'Glywest ti'r un am y fenyw gyda'r bronnau?
Aye ... O'dd hon â'i brêns yn ei bŵbs ... *typical* menyw, *eh* hogs?
Dyna pam ma dynion yn syllu cymaint ar eu bechingalws,
lookin' for signs of intelligent life, eh hogs?
A ... so many tits, so little time ...
Eniwe ...
Mi o'dd rhain yn fronnau i foesymgrymu ger eu bron (*gerrit?*).
Dewch, bererinion, i deml y bronnau i deimlo!
Addolwch y melonau mawrion.'

Ac ymlaen, ac ymlaen, *ac* ymlaen fel hyn
yn creu straeon syrffedus piws fel tanc-top anffasiynol *macho*
o gwmpas y wahadden-gynulleidfa yn y gwyll.
Gwneud iddyn nhw deimlo'n well am yr holl fenywod fu –
eu mamau yng nghyfraith, eu hathrawesau ysgol cyntaf,
bob nyrs o Hattie Jacques i Barbara Windsor,
hen fenywod a merched ifanc –
yr alffa a'r omega benywaidd,
gan wybod eu bod nhw gydag ef fel un gŵr.

Chwerthin nes eu bod nhw'n dost
a thagu ar *oneliners* sâl am ferched pathetig
a pham fod angen dyn yn druenus arnyn nhw,
pysgod heb feiciau bob un.
Chwerthin nes iddyn nhw deimlo'n ddynion go iawn ...

Hyd nes i ferch ddod heibio a'u sgwasho nhw'n fflat
dan sawdl ddi-hid ei stileto ...
So many prats, so little patience ...

Du

Fuodd hi'n syllu'n hir ar wyneb angau
a dod i adnabod pob un graith.
Wedyn,
fedrai wneud dim ond suddo,
plymio i'r dyfnderoedd fel carreg unig
oherwydd yno mae e'n gorwedd,
yn llonydd,
marwaidd fel glo heb dân.

Aeth yr amser rhwng y foment i'w galon beidio cerdded mwy
a'r cnebrwng yn llawer rhy gyflym.

Nawr mae hi'n sefyll yn ei dillad mwrnio'n mygu
mewn parlwr ffug heb ffenestri,
yn syllu a syllu ar gas cadw gwag
fu'n dala'i enaid disglair unwaith.
Mae hi'n teimlo'n union fel dishgled o goffi cryf
a anghofiwyd ar ymyl bwrdd, yn oer ac effro,
ac na fydd hi byth yn cysgu eto.

Llithrodd oddi ar ochr map y byd, i drybini,
i'r man lledrith hwnnw ble mae dreigiau a gwrachod yn byw.
Sut feiddiai hi fodoli
a hithau'n weddw welw
wedi gosod ei thraed petrus ar erchwyn
bedd y dyn llonydd?

Daw chwilod sgleiniog, syber galar
i forgruga o'i chwmpas,
llawn cydymdeimlad a gwahoddiadau i de.

Yn sydyn, cofiodd am ddiwrnod perffaith
yn hel llusi duon ar ochr y mynydd,
cofiodd am ganhwyllau tywyll ei lygaid dwys
a chwerthin am ben cachu defaid.

Ar y stryd,
o'i cheg rhwygodd sgrech yn rheg ddi-sŵn
llawn marwolaeth sy'n hŷn na'i geni.
Palodd bydew heb waelod iddi'i hun
a mynnu aros yno.

Ôl traed Siôn Corn

Dyna i gyd roedd hi eisiau,
Siôn Corn i adael ôl ei draed
ar garped y Nadolig
yn brawf o'i bresants.

Credodd fod uchelwydd yn hudo pobol i gusanu
am iddi weld hynny,
'tis the season to labswcho,
fe welodd hi hynny sawl tro.

Credodd ym mhŵer anhygoel anrhegion i siomi,
bob tro'n addo'r byd iddi,
y papur sglein yn siffrwd a sibrwd am gynnwys y bocs,
clepian celwyddau am bethau sy'n ddim mwy na sebon a phâr o socs.

Credodd yn ei gallu i gladdu cinio Dolig,
credodd mewn pwdin bendigedig,
credodd yn y Sownd-o'-Miwsic,
credodd mewn hetiau papur pathetic,
credodd am faban yn ei grud,
credodd yn hyn i gyd
ond chredodd hi ddim yn Santa.
Wel, heb weld ôl ei droed
doedd dim sicrwydd a fu yno hyd yn oed.

Cwsg ac effro

(lliw Caerdydd liw nos)

Mae'n nos. Ac mae'r ddinas yn cysgu ci bwtshiwr.
Hepian swnllyd a 'mystwyrian
rhwng anadl y goleuadau traffig ...
coch ... coch, melyn ... gwyrdd ...
A'r ceir yn suo ar hyd crud y ffyrdd
yn hymian hwiangerddi hyshabyibebi o'u hegsôsts.

Shhhh ...
Mae'n nos ...
Dim ond atgof yw'r haul a'i wres,
rhywbeth ddaw eto fel cur di-ffael y bore
a diffyg traul cibáb blasus ola Caroline Street.
Ond nawr mae'n fudan-fagddu heblaw am
oleuadau oren *sleazy*'n golchi'r strydoedd,
gwneud i bopeth arafu a stopio, am hydoedd.
Ac mae amser yn aros yn ei unfan,
does dim tycio ar fysedd tic-toc y clociau.

Rhwng yr oriau mân a'r oriau mwy
daw cwsg i gwtsho pawb yn ddiddos.
Yr hen fenyw sy'n gwthio troli ei gobeithion
drwy strydoedd cefn cwrw-a-tships Canton
yn mwmial clecs yr hen amser i'w gobennydd.
Y bechgyn swnllyd llawn twrw gwrywaidd
yn bwrw'u blinder bob un ym mreichiau
eu *ideal bird* rhywle yn Nhrelái,
'Onest! O'dd ei thits hi mor fawr â *hyn*!'
Mamau diamcan yn gadael eu prams a ... rhedeg!

Dianc rhag ffrwydradau sgrechfeydd
stealth-bombs eu babis crac, di-ddymi, diddannedd,
breuddwydion llawn Sudocrem, bronnau llac a ... sic ...
'Will you bloody shut up or I'll smack you one!'

Eco clic-clic sodlau uchel a sgidiau smart,
siwtiau gefn dydd golau St Mary's Street
ar eu ffordd i'r gwaith
cyn i'r brain ddeffro yn atgof o rywbryd anghyfarwydd
ar amser fel hyn.
Ambiwlans yn sgrechian drwy Sblot fel sgalpel –
slashio'r nos, rhwygo heibio.
Ac mae'r ddinas yn rhegi yn ei chwsg heb ddihuno.

Ar furiau'r castell,
yn gareglwyd lonydd,
mae holl anifeiliaid y greadigaeth
yn gwylio'r nos â'u llygaid melyn,
wedi'u dala'n llithro'n ddi-sŵn o'r goedwig
i jyngl y ddinas.

Ac yng ngolau oer un bore bach arall eto,
mae'r ddinas yn deffro.

Blodau'r haul

Roedd hi'n cario'r heulwen yn ei bag,
y fenyw ar y trên,
dwi'n gwybod, am i mi weld
un dafn o'r haul yn syrthio allan o'i bag
a goleuo'r caban cyfan
cyn cael ei wthio'n ôl yn frysiog
dan ormes *zip*.
Ac am y foment honno
roedd pawb yn gwenu a gwres yn tywynnu oddi mewn
a holl lwydni teithio wedi'i rwbio o'u llygaid.
Roedd hi fel machlud haul
ar ddiwrnod na fu ei debyg.
Ar ôl i'r bag gau
fe anghofiodd pawb am y cynhesrwydd,
daeth oerfel cyfarwydd o ddieithr i chwythu drwy'r caban.
Chwaraeodd yr haul ryw gymaint yn hwy
ar wefusau'r fenyw wybodus.

Dŵr

Yr haf hwn, aeth pethau'n ormod
i'r pibau dŵr dan yr heol,
rhoesant y gorau i bwmpio,
stwbwrno, dechrau camfihafio
a chwydu'u cynnwys ar hyd y ffordd
yn fôr o wrthryfel a rhialtwch.
Mae'n haf! Mwynhewch!
Daeth gwahoddiad i bawb ddawnsio yn y dyfroedd,
rhoi'r gorau i'r car am ychydig o hwyl
al ffresgo,
tynnu'r esgidiau a sblashio.

Ond rhaid mai dim ond fi glywodd.
A thra 'mod i'n troelli a hercian
yn y pyllau
roedd ceir yn dal i fynd heibio'n araf
a wynebau lliw uwd y gyrwyr
yn goleuo am eiliad wrth weld y ffŵl yn y dŵr.

Dyma'r newyddion

(weithiau, mae newyddion bach yn digwydd yng nghanol holl
newyddion mawr y byd)

Bore da a dyma'r newyddion ...
Mae cath ar goll yn y dre ...

Posteri'n frith ar hyd y stryd:
tybed a welsoch chi hon ar eich trafels?
Ein cath ni yw hi.
Bag ar ei chefn llawn mewian truenus
a darnau briw o galonnau'r teulu;
mae'n gwisgo siwt flewog o'r sglein orau
er mwyn crwydro'r oriau tywyll yn swanc
fel rial llanc – cwrcath o'i gwt hyd grafanc ei bawennau –
yn wir mae'n fêl ar flew'r holl gathod benyw,
mae'n dipyn o siew;
er iddo gael y snip sawl blwyddyn yn ôl
mae'n dal i ddenu llygaid crwydrol
ambell Fodlen Feri Mew o hyd.

Cath ar goll!
Gwichian brêcs yn sgrech ar stryd
yn achosi cnoi ewinedd
rhag gweld rhyw fflat-pac o gath yn grempog yn y gwter,
ac ym mhob tec-awê yn dre mae cebábs cath ar y fwydlen.
Dagrau'r plantos
yn golchi llawr y gegin mewn hiraeth hidl
bob nos.

Ddaw neb i fwyta Kitekat mwy,
mae'r gath wedi gadael y tŷ;
wedi pwdu â'r teulu, mae'n siŵr –
oedd e'n rhywbeth a ddywedwyd?
Neu oedd hi'n amser symud ymlaen?

Yng ngwyll perthi'r ardd mae llygaid melyn
yn gwylio'r theatr geginol drwy olau'r ffenestri.

Y filltir sgwâr

Does gan y filltir hon ddim corneli,
dim cysgodion i gwato neu lechu,
dim dechrau na diwedd iddi,
mae'n fwy na'i maintioli.
Ac o'r funud y cei di dy eni
mae'n gadael ei hôl arnat ti,
a dim ots os mai i bedwar ban yr ei di
neu hyd yn oed y tu hwnt i hynny,
cei fynd â thamed ohoni 'da ti,
wa'th mae'n plygu'n dwt fel origami
i faint cledr llaw i'w chadw'n deidi
mewn poced nesa at dy galon di.
Achos dyma ble mae dy bobl di,
dy dylwyth a'r rhai sy'n dy garu.
Dyma ble mae'r tir a'r awyr yn toddi,
yn plethu i'w gilydd yn gybolfa gyfarwydd o gynefin a theulu.
A dyma ble mae bwrw gwraidd yn cyfri,
dyma ble mae'r egin a'r egni
ac yn nerth bôn y fraich daw blagur i dyfu.

A sut fedra i esbonio mewn geiriau i chi
mai fan hyn yw fi?

Ar fore Sul fel hyn

Rhwng pader a phaned
mae hen sŵn stêl neithiwr ymhlyg yn y deffro,
yn raddol mae'r nos yn colli nabod ar ddihuno
ac yna'n reit fuan does 'na ddim Cymraeg rhyngddyn nhw.
Bwrw'r Sul, bwrw blinder ar ysgwydd y bore.
A daw'r dydd crwn hwn i flagur yn llonydd, llonydd
fel pelydr haul yn gorwedd ar obennydd,
anadl prin ar wydr,
rhywbeth gwell na phrint prysur papur newydd
am straeon ddoe aiff yn stecs inc ar fysedd.
Ac yn y foment berffaith, blygeiniol hon,
nid oes un dim arall,
dim mwy na nawr.

'I hear music'

(graffiti wedi'i sgrifennu yn y bryntni ar gefn fan ar y stryd)

Daw alaw ar yr awel,
mae'n feddwol-fêl â sain hyfryd iddi,
yn ddiddanol, yn ddel,
ac mae'n cydio ynddo i,
fy nghario ar hyd y stryd,
fy hudo dros heolydd i ddawnsio a chlicio bysedd
i guriad gwell na grŵf y galon o hyd.

Y mae'n alaw sy'n galw bob dydd ar donfeddi,
rhoi rhwydd hynt
i'r nodau 'nghario ar y gwynt
a 'nghymryd i hwnt gyda hwynt.

Ac mi glywaf gerddoriaeth
o bob cilfach yn goferu, gorlifo i bobman,
yn ganu iach, marwnadu neu greu mawlgan
a llenwi'r byd i gyd â swyn ei hudoliaeth.

'Nôl i'r ysgol

'Dere, 'rhen foi, mas o'r gwely 'na'n glou,
bore bia hi, hwyr glas i ti godi.'

'O, Mam, wy'n glwc, yn brin iawn o blwc,
wy'n dost ac ma 'mola i'n corddi.'

'Ond mae'n ddechre blwyddyn ysgol, grwt,
bydd gan bawb sglein ar sgidie newydd.'

'Sa i ishe, Mam, wy'n teimlo'n reit wan
ac wy'n becso'n fawr am y tywydd.'

'Gad y ca' sgwâr, trodd nos yn ddydd ers meitin
a ma gwersi i'w dysgu, y twpsyn.'

'Sdim whant arna i, wir, ma'r gwin 'di troi'n sur,
wy'n teimlo mor wan â gwybedyn.'

'Wel, gwed beth sy mor ofnadw o wael
am yr ysgol, beth yw sail dy achos?'

'Sneb yn lico fi, Mam, maen nhw'n gas, dyna pam,
yr athrawon, heb sôn am y plantos.'

'Wel, mae'n *rhaid* i ti fynd, mae'n siŵr y gwnei ffrind,
a sdim iws i ti bwdu a strancо.'

'Pam?' medde fe. 'Achos,' ebe hi,
'mai ti yw y blwmin prifathro.'

Cwtsh

Peidiwch â chyffwrdd, peidiwch â thwtsh,
fe wna i rwbeth er mwyn osgoi cwtsh.

Chi'n gwbod shwd mae'n mynd, chi'n gweld ffrind, ar y stryd,
chi'n llyncu poer a'n syden, chi'n sopen mewn cot o chwys oer i gyd,
achos chi jyst moyn troi, moyn osgoi, moyn ffoi ffor' arall heibio,
– a licen i weud fan hyn: *it's not them, it's me* –
ond ... does ... dim ... dianc ... dim llithro drwy grac yn y *space-time
        continuum* i fi.
Felly 'co-fi'n dangos gwên lac ac amnaid *anaemic*,
mwmblo rwbeth rwbish sy'n cwmpo'n sbwriel crap ar lawr
a wy jyst moyn slipo mas ar hyd ryw bac-ali embarasing
achos wy'n gwbod bo' nhw'n disgwyl cyfarchiad mewn 'cwtsh'
ac ar hynny ma 'nhu fewns i jyst yn troi'n ... slwtsh.

Peidiwch â chyffwrdd, peidiwch â thwtsh,
fe ddawnsien i'n noeth er mwyn osgoi cwtsh.

Ac yna yr 'hen-ffrind-yn-hanner-cant' senario
a daw gwahoddiad 'joli' draw i'w barti o
lle bydd pawb yn gwisgo'u hwynebe gore – ar ôl treigl hyll yr holl
        flynydde –
ac ymarfer eu lleisiau parti harti *peak confidence.*
Ma'r disgwyliade'n uchel, y *bonhomie*'n bwman,
a finne ishe cwato neu suddo lawr i 'nghwman
achos ma'r criw 'ma'n dod o rywle o 'ngorffennol,
pob un â'i stori fawr bersonol am gampau proffesiynol.
Pawb ishe cydio yndda i a 'ngwasgu'n gorfforol
tra bydd fy enaid i'n gorwedd yn grimp, yn limp ar lawr, yn gasiwalti
        emosiynol.

Ac ar ôl y *siorée* soffists wy'n misffit, yn teimlo'n llai nag o'n i cynt, o
    dwtsh,
achos ma *nhw* yn well na *fi* ymhob ffordd, ac yn *gwbod* shwd i roi cwtsh.

Peidiwch â chyffwrdd, peidiwch â thwtsh,
fe werthen i'n fam er mwyn osgoi cwtsh.

A wedyn mewn aduniad teulu,
bedydd, priodas, angladd, neu rywbeth fel'ny,
y man lle daw'r llwythau hunllefus ynghyd,
ma nghorff i'n mynd yn stiff a wy'n torri mas yn *rash*
achos ma cwtsho ar y meniw *big time* fan hyn, boed chi'n ddyn, yn
fenyw
neu'n fodryb â mwstásh – fydd dim dianc rhag y wasgfa –
achos ma gwaed, mae'n debyg, yn dewach na dŵr
ond bydde'n well 'da fi foddi na mygu ar greigiau cynnes y fynwes
berthyn hon, wy'n siŵr.
Y cefnder boring sy'n rhaffu hen straeon rhacs am *gofio* cofio 'nôl i fod
yn blantos,
ei wraig oren *offensive* sy'n brolio'u gwylie ffansi yn rhywle *naff* bob haf
am bythefnos.
Yr hen rai sy'n crebachu dan bwn eiliadau'r blynyddoedd effro,
eu llygaid yn llynnoedd llaith o anghofio a wyndro
a oes ishe rhoi'r *bins* mas heddi eto?
Y to iau, bôrd, a ddragiwyd yno, sy'n nabod neb, a ddim ishe chwaith,
achos ma pethe gwell 'da nhw i neud: bywyd, Twitter, gwaith.
Ac yn fy mhen, wy'n sefyll ar blaned yn ddigon pell bant o'r *banter*
a chodi'n llaw yn *vague* ar bawb a'u plant achos wy'n dechre danto ...
licen i ddianc o'u lapan a'u siarad rwtsh
a phob un yn mynnu cusan a chwtsh.

Peidiwch â chyffwrdd, peidiwch â thwtsh,
fe bleidleisien i dros Trump er mwyn osgoi cwtsh.

Yn teulu ni, chwel', ma fe'n rhwbeth dwfn yn ein DNA,
y Rheol Dim Cyffwrdd, yr angen am 'personal' lle,
ni jyst ffaelu neud-e.
Falle achos bo' ni'n Gymry,
yn yfed gormod o de, yn represd, yn stynted emoshonali.
Odyn, ni'n chwerthin, chware,
cwmpo mas a dadle,
ni'n rhannu jôcs, tynnu coes, a blew o drwyne weithie –
jyst fel pobol normal, chi'mbo –
ni hyd yn oed yn pwdu, caru a chrio
ond smo ni byth, byth, BYTH ... yn cwtsho.

Fear of forty

Paid â becso, ti'n *sorted* pan ti'n fforti,
ti'n *fab*, yn *furious*, yn *top-flight bird*, ti'n
elevated i statws gwell, ymhell tu hwnt i *rubbish tip* trajic
thyrti,
mae fel majic,
a ti'n fwy o fenyw nag a fuost ti erioed,
ffact yw hynny, pan ti'n fforti.

Dyw fforti'n ddim i snortio'n ei gylch,
ti ond yn dechre arni,
ac mae digon o *ammo*'n dy boced nawr i
danio twll drwy fantell fraith y byd – amdani ferch, amdani!

Ffliwc yw fforti, fflyff o rif, dim i fecso ambythdi,
mae'n carlamu amdanat ... mae'n cyrraedd ... ac yna mae'n pasio'r ochr
    arall heibio
a ti fydd ti unwaith eto,
y ti sy'n newid pob dim gyda thasgu chwim
dy eiriau.

Torri calon mewn salon

'So ... ti'n mynd bant i rywle 'leni 'ten?'
Snip-snip smart y sgwrs yn dechre'n syth 'da'r cwsmer –
mae'n proffeshynal, chwel' ...
wy'n llyncu 'mhoer, mae'n codi pwys â'i jangl *hoop earrings* hi.
Dyma fi yn nheyrnas ynfyd Prinses Primpi
lle mae'r ffordd ti'n edrych yn bwysicach na phwy wyt ti.
Bant? O ddifri? Wel, ydw i ...?
Ac wy'n syllu 'nôl arni'n y drych,
lle mae'n sefyll o chwith i bopeth yr ydw i,
wy'n rhythu i weld oes 'na rithyn o enaid iddi,
neu a yw hi jyst yn wag ac yn chwythu hêr-sbrei
i 'ngwyneb i 'nallu ...
alla i ddim â dweud ond ma'r drewdod jyst â neud i fi hwdu.
Mae'n cyffwrdd â 'ngwallt i, yn mela â 'mhen i,
ecsgiws mi, wy prin yn dy nabod di.
"Chos, ma fi a ffrindie fi, fel, ni'n mynd bant am wthnos i Fuengirola!
Bydd e'n totali roc an' rôl 'na, fyddwn ni ddim ishe dod o 'na ...'

Yna daw cinc yn y trywydd,
ryw *left-hand perm* ciwt cyn bo' ni'n mynd i ganol cawod trafod y tywydd:
'... So, beth y'n ni'n meddwl heddi 'ten?'
O God! Beth mae hi'n olygu?
Beth sy'n neud i'n enaid lamu?
Beth sy'n goglish gwên?
Pa gysgodion hen sy'n codi ofn?
Pa angst? Pa wacter? Pa ddiffyg ystyr?
Beth yw 'marn gyffredinol am gyflwr y byd o hyd ...?
'Ffrinj neu dim ffrinj?
Layers? *Up-do*?

Y't ti'n mynd mas i rywle neis heno?'
Wy'n chwilio am ateb yn y drych wnaiff siwto'r brimpen *coiffed* hon,
rhywbeth fel:
'Odwwww, fi off i rywle ffabalassss, 'chos *fi'n* ffabalassss ...'
ond 'runig beth wela i'n syllu 'nôl
yw y fi *hopeless*, wedi'i pharlysu,
rhyw lwmpyn clympi, crympld sy'n hanner gwenu
fel gimp neu glown wedi'i glymu
mewn *salon-gown* salw
a wy ... jyst ... moyn ... marw ...

Does gen i ddim i'w ddweud wrth
y ferch binc, *bling*, *sing-song*, sgleiniog, bwdlog hon
sy'n sefyll yn slinci 'da'i siswrn gloyw y tu ôl i fi,
ac mae 'ngwyneb i wedi rhewi'n *rictus* hyll,
fy ngheg yn grimp a geiriau'n grebach ynddi.
'Jyss cymoni ife, bach?'
Dyw hi ddim yn becso a sa i'n credu bod hi wedi sylwi na alla i gyfathrebu.

Mae'n setlo i waith ac yn bwrw iddi,
cnoi gwm yn galed i helpu'r canolbwyntio,
a phan ddaw oedi, hoe ar ben corun i frwsio blew a sythu cudyn,
mae Madame Siswrn yn dechre'i sgwrs *sassy* eto.
'So ... beth ti'n neud 'ten, ti'mbo, naw tan bump, fel?'
Ac ... yn ... ddiarwybod, mae brawddeg slei yn llithro mas fel cyfrinach,
yn hisian sibrwd seianeid gas *lethal* o ganister,
ac yna, jyst fel'na, ma'r geiriau wedi'u geni i'r byd cyn i fi sylweddoli,
'Fi'n fardd.'
Ac yn syth, wy'n difaru bo' fi'n bodoli.
Daw amser i stop ... am ... hydoedd ...
Ma *tumbleweed* o wallt *bouffant* yn rowlio heibio.

'Ahhhhh ... 'na neis ... ma hwnna'n rili lyfli,' mae hithe'n canu grwndi.
Yna mae'i thalcen pert hi'n crychu,
mae'n aros, mae'n oedi, mae'n meddwl ... am sbel ...
'Fi'n credu ...'
Ie ...? Wyt ti ...?
'Fi'n credu ... bod ... torri gwallt 'bach fel barddoni.
Ti'mbo, ti'n rhoi torrad *mega* i rywun
a mae e fel tase gyda nhw *sonnet* ar eu pen, neu englyn,
mae fe'n itha creadigol, fel.'

Ac ar fflic o amrant masgarog, ar ôl oes arteithiol, mae'n gorffen y *job* yn
    gyflym aruthrol,
tas wallt a geiriau wast yn sarn ar hyd llawr y salon.
Troi 'nghadair rownd – 'Ta-raaa!' a 'ngwthio i
ar frys drwy'r drws, 'Ta-ra! Gwel' ti whap!' fel slap ar draws fy tshops
ond ddim cyn i fi dalu drwy 'nhrwyn, am fy mhen,
a does gen i ddim syniad ble'r ydw i.
Wy'n *high* ar *fumes*, yn feddw ar *product* a gweniaith.

'Nôl adre, yn tŷ, wy'n drychyd yn y drych, jyst â drysu,
a phenderfynu mai bag am fy mhen fydd hi,
o leia hyd nes i'r mwng 'ma dyfu.

Wy'n rhy hen i hyn

Wy'n rhy hen i shwd ffwlbri.
Pwy aros lan i sgrifennu
a cheisio laswio cerddi
o gwmpas y sêr yn oriau mân y nos
gan ddisgwyl i ddydd newydd lasu.

Wy'n rhy hen i stryffaglu
trio nyddu pennill a jyst sgrifennu,
rhaffu stribedi dirifedi o gerddi,
ceisio bod yn fardd gwbl-cŵl-ond-jacôs
tra bo'r byd i gyd yn cysgu.

Wy'n rhy hen i fod yn grŵfi,
ma gen i gomitments ac wy'n grympi,
pethau diflas sy'n mynnu fy sylw i,
nid creu cerddi 'da chriw ifanc clòs o feirdd ...
Deffra! Arogla'r coffi!

Fi a Jennifer Lopez

O'n i'n sgwrsio â JLo ddo', dros wal y tŷ,
dim ond ni'n dwy, jyst hi a fi,
hongian dillad ar y lein o'n ni,
dwy fenyw ffabiwlys yn pego'r golch mas,
cwpwl o dduwiesau cyffredin yn dala lan ar ganol wthnos,
joio yn nisgleirdeb anogol y chwaeroliaeth – chi'n gwbod fel ma hi.

Erbyn heddi, Jenny, medde fi,
Ni wedi cyrraedd rhywle a ninne ar gopa'r hanner cant,
y fan ble ma'r pell yn agos a'r agos yn bell, bell bant,
mae'r ddwy ohonon ni'n *gwbod* rhai pethe, yn dy'n ni,
achos ysgol ddrud yw ysgol brofiad, credwch ni, ac fe dalon ni ddigon
    am hynny
yn ein tro, fi a Jenny,
a nawr, ni'n *loaded*, yn *covered* mewn sîcwins fflash, yn diferu o *bling*
achos hwn yw'r *thing*,
I'm still, I'm still Eli from the block
ac ma La Lopez yn cytuno, yn nodio'i phen yn frwd ac amenio
achos erbyn hyn ni wedi hen feistroli carlamu
ar asgwrn cefn bob dydd gwyn a'i ddofi,
gwichian, tuchan, ei dorri a'i falu
fel *cowgirls* yn rodeo boncyrs ein bywyde-bronco
yn hala'r byd i gyd yn honco.

Ac ar y diwrnod hwn, Jenny, y busnes bod yn hanner cant eleni,
yr heddi-'ma sydd am bara byth,
falle gawn ni'n harllwys fel aur tawdd mewn i ffrogie ffansi amhosib
yn ddwy golofn berffaith o ddifa,
ac fe allen ni fod mewn parti
yn wherthin am ben jôcs ein gilydd sbo ni'n tagu,
tasgu dagre ac wben fel seirens ar greigie.
Beth amdani, Jenny?

Neu falle rown ni ffôn i Naomi (Campbell)
i weld os daw hi draw am sbel
jyst i ga'l clonc 'da ni, bisged a dishgled *low-key*
am ei bod *hithe* hefyd yn fenyw o *vintage* penodol,
yn un sy'n gwbod ble mae'n mynd am ei bod hi'n hollol ymwybodol
o ble mae 'di dod,
o ody, ma *Naomi*'n gwbod.
Ti'n meddwl ddele hi, Jenny?

A fwy na thebyg, fe anfonwn ni decstyn bach *cheeky* at Mariah Carey
yn ei gwadd hi i ymuno 'da ni
achos smo ddi'n becso dam am ddim,
sdim affliw o ots 'da Mimi.
Oes mwy?
Cwmni da yw Catherine Zeta,
cofia ma hi'n sbarcen, reit i wala.

A Jennifer fach, cred fi,
pan gwrddwn ni'n griw *glam* 'da'n gilydd,
gawn ni suddo faint fynnon ni o swigod siampên
achos hwn yw'n diwrnod hira ni, ewn ni byth yn rhy hen
ac yma fe safwn droedfeddi uwch y byd
ar sodle amhosib,
'mestyn fel neilon, tasgu fel Spanx, denu fel *lurex*,
yn dallu pawb 'da llond pen o ddannedd diemwnt,
eu gole'n saethu sha'r sêr a thu hwnt.
A bydd Naomi, Mariah a Cathy Z bob un yn eu tro yn dala'n llyged ni,
      Jenny,
a gwenu,
ma nhw'n *gwbod*,
achos fe ddywedodd ein mamau wrthon ni
bod hi'n ffabiwlys bod yn ffiffti.
Ni sy'n berchen ar bob stafell yn ein tŷ – does arnon *ni* ddim i neb,
ni'n ddoeth fel hen ddihareb,

ond mor *sassy* â Las Vegas,
llawn *lip-gloss* a *sashay bootylicious*.
Daw popeth arall i stop syfrdan
fel yn y ffilms,
wel, ni yw ni, wedi'r cyfan,
a sdim gorwel, sdim diwedd, sdim nod i'w atal na nenfwd i'w chwalu
dim machlud terfynol ingol i'w ryfeddu.

Fi a Jennifer Lopez, yn syllu dros y gwrych,
ac ar ddiwrnod hira'n bywyde, ni'n wych.
La Lopez, ti'n *total* lodes, yn dduwies, mae fel edrych yn y drych.

.

Beirdd 24 awr

Rôl-yp! Rôl-yp!
Mae'r bardd-bwth ar agor,
dim hepian, dim cysgu,
dim cyntun, dim chwyrnu fan hyn rhagor.
Dyma'r pop-yp-feirdd,
y ciosg-ar-ymyl-y-lôn-feirdd,
y prynwch-bedwar-am-bris-un-feirdd,
yr I-can't-believe-they're-not-beirdd-beirdd,
y digwyddodd-darfu-feirdd.

Mae'r beirdd yma'n twenti-ffôr-sefen, gyfaill,
at eich gwasanaeth,
wastad on diwti
a'u cerddi papur wal
sy'n ymestyn hyd
bellafion y byd.
Gofynnwch am gerdd, neu gerddi,
unrhyw beth chi'n ffansi,
ma'r beirdd wastad yma i chi.

Ma tash 'da ti, Mam

Ti'n tyfu tash, Mam, mae'n offishial.
Ma ffês ti'n *full on fuzz*, ti fel marswpial.

Beth ti'n gweud, bach? Gosh, ti'n brwtal ...
Ble? Ble? Sa i'n gweld dim heb sbecs bei-ffocal
er 'mod i'n neud total ffwl ffryntal.

Wel, ti deffinetli angen *facial*.

Gad hi wir, wy'n fenyw o syrtyn oedran,
gad dy lapan, gad dy blincin gonan.

Ond er hynny, af i edrych yn y drych,
rhag ofan ...

Craffu, ac ... mae gen i ... fwstásh, ma-hw-sif – mae'n sietyn anferthol,
coedwigaeth drwchus drofannol,
yn wir, mae'n ir, bron yn fotanegol.
Ma 'ngwefus ucha'n hollol fwstashol
fel Gari Lloyd a gweddill bois Ffostrasol.
Wy'n *well annoyed*,
sdim byd pert am y tash hwn, dim twtsh fflash ffasiynol hyd yn oed.
Wy jyst yn fenyw â gardd wefusol flewog yffachol.

So, beth wna i? Ei flîtsho, ei flitsio?
Ei dwîcio, insistio iwsho *tweezers* i blycio blew ohono?
Ond *hold on to your handlebars* am funud fach flewog,
falle 'rosa i wedi fy mwstashio
â brwsh lysh fel El Bandito, primpio fel Poirot neu cyrli-gyrli *gaucho*.
A falle-falle dof i ddwli ar drychyd damed fel Dalí – cimwch hynny'n
    'fengyl –
rocio lwc fel Frida Kahlo, fy ffroth gwefus bril yn brislo.

Achos, mae rhywbeth godidog mewn bod yn fwstashog,
yn hen Siani flewog ddoeth, goeth ei geiriau,
yn fenyw sy'n *gwbod* rhai pethau,
wedi hir, hir amau,
fel ein mamau o'n blaenau
a'u rhai hwythau –
ma mwstásh yn fwy na ffasiwn,
mae'n fwy na pherth, mae'n brydferth,
mi wn.

Dy galon ofalus

Mae dy galon ofalus di'n
llechu'n betrus rhywle rhwng
clais, briw ac anaf,
y bwm-bwm cyson, brwd fel sibrwd,
tap-tap ysgafn ar gwar ffenest fach fy enaid.
Braidd y galla i ei chlywed rhen fachgen,
ond rwy'n synhwyro ei churo.
Peth bach prin yw dy galon di,
peth pert odiaeth hefyd,
ei rhydwelïau main a'i rhychau cain
yn brydferth – yn berffaith.

Stori fawr y stori fer

(ar ôl clywed am gystadleuaeth stori fer i blant ar Radio Cymru)

Un tro, amser ddim mor faith yn ôl,
aeth holl blantos Cymru ati i ddweud eu stori
a honno'n un anhygoel –
wna i ddim bradu geiriau nawr
na'ch bôrio
dim ond adrodd ffeithiau moel –
a chyn eich bod chi'n amau, mi ddweda i yn glir,
gan Al Hughes ges i'r hanes, felly mae'n rhaid ei fod yn wir.

Mae'n stori sy'n llawn antur
a dreigiau a phethau gwyllt,
mae'n byrstio â chwerthin a direidi,
mae'n gorlifo â dagrau a hanesion trist,
mae'n stori am famau a thadau a phlant,
mae'n stori am berthyn,
am gyrraedd, am gerdded bant
mae'n stori am orffen a dechrau eto, plis,
mae'n stori am faddau, am golli, am dalu pris.

Dyma'r stori lle mai'r plant yw'r awdur,
y stori lle mae pob un yn arwyr
a phawb yn rhoi yn eu stori fer hwy
yr allwedd i ni ddeall y stori fwy.

Môr o jin

Does dim môr digon mawr i foddi gofidiau'r dyddiau hyn
ond jin yw'r feri thing i dynnu unrhyw golyn
a dod â gwên a phrofi bod ein byd yn medru dal gafael ar bethau call o hyd.

Cymysga dy wirod, achos ti'n gwbod o'r gore
bod i jin ei rin, mae'n well na the, yn well na gwin.
Cei foddi'n llawen dan donnau'r ferywen*
a pherlesmeirio ar wawr sawrus eithinen bêr,*
beth am fwrw dy flinder ar ysgwydd hael cithinen y cwrw?*

Jyst bydd yn ofalus, paid yfed gormod,
neu fe surith y melys-jin yn wermod ar dafod.

* enwau Cymraeg gwahanol am *juniper*, sef prif gynhwysyn jin

Ffermwyr Ifanc

Sdim pechod mewn bod yn ifanc,
achos chi sy bia'r byd –
pob cae a chlawdd, pob nant a ffos, pob cornel –
cadwch nhw'n ddiogel am mai chi
sy'n berchen ar heddi, ac yfory o ran hynny.
Ac fe gewch chi sgwaru lan i fywyd
a dangos eich bod chi'n meddwl busnes,
eich bod chi'n hen, hen barod am bob dim a ddaw;
chi ffermwyr ifanc, chi bobl y dyfodol ddaw cyn bo hir,
chi ffurfwyr ffawd, chi geidwaid ein tir.

Y goeden arian

('There is no money tree,' medd Theresa May)

Ac wele, goeden arian hardd
yn dwyn ffrwyth o'r tir hesb
fel hud a lledrith, neu chwedl anodd ei dirnad.
Coeden orwych yw, un â changhennau cydnerth ydyw,
yn drymlwyth o arian a golud,
yn drewi'n ffein o addewid bywyd brasach
yn anrheg i bobl ein byd.
Dacw flodau pert a'u petalau punnoedd yn disgleirio,
ar bob cangen mae decpunnoedd yn deilio
a diferion rif y gwlith o ddigonedd blith.
Dacw hi, ein hachubiaeth,
a'i boncyff praff Torïaidd
yn gysgod cryf a chadarn drosom ni i gyd.
Wel, diolch byth am hynny,
mae'r gaeaf ar ein gwarthaf
a gwynt gerwin Brec-shit-waith
yn chwythu dros y wlad,
whislo o gwmpas ein pigyrnau
gan hisian bod siop yr ynysoedd hyn 'di cau.

Jason Donovan a'r tân yn ei bants

(stori yn y newyddion, 3 Hydref 2019)

Bu Jason yn dipyn o *heart-throb* yn ei ddydd,
wede rhai ei fod e'n dinboeth, yn *hunky*,
gên gadarn, gwên lachar i doddi'r haul, gwallt o aur a chorff cyhyrog
    chunky.
Erbyn nawr, a fynte'n seren a wibiodd yn wyllt drwy'r wythdege,
sdim llawer o iws i *has-been* fel fe.
Ond dros nos, fe drodd Jase yn gymydog da eto
ac, fel *superhero* go iawn,
mae'n achub y sefyllfa yn ei bants.
Oherwydd aeth y tŷ drws nesa ar dân
a mas ag e yn ei *altogether*,
brasgamu fel 'se fe yn yr owtbac
heb fecso dim am bwy welodd be'.
Fe fflashiodd ei ddiffoddwr tân yn ewn o flân pawb, ac yn ei bants
    rhoddodd lam,
ac achub tŷ cyfan rhag cael ei lyfu'n ulw gan dafod gwritgoch y fflam.

Jason, rwyt ti'n arwr claerbants, yn ddyn caredig, hael,
yn ddyn sy'n werth ei halen, yn gymydog gwerth ei gael.

Tic-toc

Tic-toc, tic-toc,
mae amser yn rhedeg drwy fysedd y cloc,
sdim un eiliad yn eistedd ac aros yn llonydd,
maen nhw'n powlio a rhowlio a rhedeg i'w gilydd,
mae Awen ar goll, wedi dianc o'r tŷ,
a neb gartre nawr, neb, heblaw fi.

Tic-toc, tic-toc,
fe dasgodd munudau dros ymyl y cloc,
glanio'n garlibwns a chreu llanast mawr,
pendilio'n feddw ar ganol y llawr,
yr unig sŵn a glywyd oedd y drws yn cael slam
a sŵn sgidiau Awen yn pellhau gam wrth gam.

Tic-toc, tic-toc,
mae'r oriau yn llifo dros wyneb y cloc
a dim yn tycio, dim oll yn tocio,
mae Awen 'di gadael, ei bag wedi'i bacio,
a sdim gobaith caneri y daw hi 'nôl,
mae Awen 'di mynd, dim ond fi sydd ar ôl.

Cariad at fy mro

Dyma fy mhatsh,
fan hyn fi'n dod o,
fan hyn yw fy myd,
fan hyn yw fy mro.
Mae fan hyn yn *amazing*,
mae fan hyn yn hollol *bling*.

Peintio

Cymer daten felys
a'i cherfio'n ofalus,
i greu siâp syml.
Gosoda hi mewn paent
ac yna'i gwasgu ar ddalen wag
gan adael cusanau gwlyb o liw trwchus
fel ôl troed ar lwybr,
ffurfafen o sêr,
neu gôr o galonnau.

Mentra, Gwen

Chei di ddim yn y bywyd hwn oni bai bo' ti'n mentro,
os nad achubi di ar bob cyfle,
ddaw dim ohono,
dim,
os na wnei di drio.
Ond wedi geiriau dewr llawn brafado ... go iawn ...
mae'n siŵr y gwnei di bwyllo ... y gwnei betruso ...
aros a phendroni ...
achos ...
mae'r galon yn curo'n gynt,
y tymheredd yn cynyddu,
bydd d'ysgyfaint yn dwyn dy wynt
a'r chwys yn dechrau cronni
ac fe deimli'n hollol allan o dy ddyfnder ...
Bryd hynny, ga i gynnig cyngor i ti?
Anadla ...
mentra ...
a bwria i'r dwfn ... nofia ... dal ati ...
achos yn y byd hwn,
os nad ti yw'r ateb, yna pwy yw?

Rhedynen

Yn llawnder amser daw'r dwrn gwyrdd tyner
i agor fel cledr llaw
ar lawr y wig
yng nghysgod ceseiliau'r coed.
Un rhedynen frau fel bys wedi'i blygu'n grycymalog
yn crynu,
cyn
llacio'i hun,
sythu,
a phwyntio tua'r awyr.
Y rhedynen fechan frau, yn un o gôr
sy'n taenu ei hun fel clustogau les ar hyd cwrlid y dyffryn.

Ond ddim eto.

Adar

Mae adar ar y wifren uwchben yn pwnco,
trydar eu neges heb fecso pwy yffach sy'n gwrando.

Waliau cerrig

Tyfodd waliau ar draws y wlad fel crawc peswch llwyd
o lwch gwythiennau gweithwyr,
map o gaerau,
a luniwyd gan sawl waliwr dygn dienw
sydd erbyn hyn wedi hen farw
ond a adawodd eu llofnod fel craith
yn y milltiroedd cerrig sychion maith,
clec ar ôl clec a dyfal donc yn diasbedain,
pentwr ar bentwr celfydd
yn pwyso'n berffaith ar ei gilydd
i wrthsefyll pob tywydd,
i dyfu cen barfog a britho'n urddasol,
i gysgodi anifail a dyn rhag glaw llorweddol
a chadw'r un ddafad goll yn glyd yn ei chesail.
Y we lwyd sy'n cadw'r caeau ynghyd,
y cadernid sydd yma o hyd.

Boris

Mae'r busnes Boris 'ma'n un dyrys,
mae'n *boring*, mae'n drysu dyn a dynes.
Mae Boris yn *raging beast*,
yn brŵt, yn rŵd, yn faldorddwr anonest.
Mae Boris yn total bastad,
yn bashio'i bastwn, yn bytheirio a bugunad.
Byd boncyrs yw byd Boris, un llawn Dom,
byd a'i ben i waered, byd a chwalwyd gan Frecsit-fom.

Trump

Am lwmp o ddim, am ddiffyg dyn, am wastraff lle aruthrol,
am hen sach oren wag o wynt cyfoglyd, brwnt, rhechregol.
Hunandrwmpedwr ymhonnus yw, clown hunandosturiol,
mae'n pwyntio bys at bawb, ond fe, yn llawn dicter annymunol.
O, Donald bach, cau hi wir, gŵyr pawb y gwir plaen byddarol
bod Arlywydd yr Iw Es of Ê yn siarad trwy ei ben-ôl.

Gyfyrddin

Fi'n caru Gyfyrddin, fi rili yn,
dyw hi ddim yn fawr na'n fach, mae hi jyst yn *medium*.
Sdim byd ffansi amdani fel tre,
smo ddi'n trio bod yn rhyw *posh designer* lle.
Dyw hi ddim â syniade uwchlaw ei stad,
ddim yn bigo'i hunan lan na gwerthu'i stoc yn rhy rad –
mae hi jyst yn gweithio yn gwmws fel mae hi,
tamed bach yn olréit a ddim yn rhy shabi.
Ma popeth i ga'l yn Gyfyrddin,
parc, Marcs an' Sbarcs a'r dewin Myrddin.
Sdim byd yn bod ar y dre hon, sbo,
mae hi'n ddigon da i ni, fe wnaiff hi'r tro.

Tri o'r gloch y bore

(ma Bryn Fôn yn nabod y teimlad)

Mae'n dywyll yma, dim arlliw o'r dydd ar gefn gloyw'r nos,
dim sôn am wawr,
mae'n dominô ar honno nawr,
yn fola buwch tu fas a phob un tu fewn yn cysgu,
mae'n ddu bitsh fan draw, sdim cyffrad o lewyrch ynddi,
mae'n debyg mai fel hyn fydd hi, bois,
daeth y fagddu i deyrnasu,
mae'r dudew yma i aros yn garthen gaddug i'n mygu
– a dyna'r gwir –
ddaw dim goleuni 'nôl i'r tir.

Alan Partridge

Rwy'n petruso rhag dweud hyn
ond mae Alan yn dŵd, mae'n rocio, mae'n *totally rad*,
mae deall ein mŵd ac mae ei fys ar byls sâl y wlad,
y brenin *beige* sy'n dala'i *slacks* yn dynn,
teyrn yr *easy listening*.
Dwed rhai ei fod e *past it*, *out of touch*, yn ddeinosor blin ar y radio,
no-way pal, jyst *no-way*, Norfolk ydy o 'nde, ambasador Norwich,
    dyna ydy o.
Achos, go iawn, mae'n adnabod ni'n well na ni'n ... aha ... adnabod
    ein hun.

Drws Rhif 10, Stryd Downing

(yn Amgueddfa Lloyd George, Llanystumdwy)

Pwy sydd awydd camu drwy'r drws sglein du,
taro deg yn fwy na deuddeg, bod yn ddewr, mynd amdani?
Heddiw'n fwy nag erioed, myn yffarn i,
mae angen arwyr arnom ni,
rhywun i arwain, i ddangos esiampl, i fod yn egwyddorol,
rhywun i ymddwyn yn ... brif weinidogol.
Rhot dro ar agor y drws ond mae ar glo,
sdim hawl gan yr un ohonom *ni* fynd drwyddo.

Pwt o gyngor

Fardd,
paid â bod yn ddierth i seiniau meddwol geiriau,
cadw nhw'n glòs – anwyla nhw yn agos.
Dal nhw yng nghledr laith dy law,
sylwa ar eu traw,
pob sain, pob sill, pob lledrith –
rho nhw'n agos at dy glust
i wrando sŵn eu sibrwd,
pob clec, pob ell, pob *hiss*.
A chadwa lyfr bach, da ti, er mwyn gosod pob perl a glywi
ar ddalen i'w trysori,
achos, fardd, dyn a ŵyr pa bryd ddaw'r amser i'w troi nhw'n gerddi.

Maddau a chofio

Ces hyd i bwt wedi'i dorri allan o bapur newydd a'i gadw yng nghanol papurau fy nhad-cu ac arno englyn gan Gwilym R. Tilsley dan y teitl 'Dymuniadau Nadolig'. Dyma'r englyn:

> Daeth yr Ŵyl, a da'i threulio – i feddwl,
>   i faddau, i gofio;
>   ym mwyniant pob dymuno
>   nac aed a gaed byth o go'.

Dechreuais feddwl am y ddau air, 'maddau' a 'chofio'. Mae digon o angen maddeuant yn ein byd ni heddiw a chofio'r pethau da hefyd. Ond yn ogystal, mae angen *angh*ofio – ry'n ni'n llawer rhy barod i ddal dig. Mae'r gerdd hon yn un sy'n eistedd rhywle rhwng yr hen flwyddyn a'r flwyddyn newydd sy'n dilyn.

Weithiau, does dim modd anghofio
am y llid fu'n ein niweidio,
mae'r dagrau'n sychu wedi'r wylo
a dim ond pethau brau sy'n weddill i'w hanwylo.

Weithiau, mae'n haws anghofio
a gadael i hen gynnen neu fai fynd heibio,
mae'r briwiau'n gwella, y clwyfau'n ceulo,
a daw maddau i'n haelwyd ni heno.

Weithiau mae'n rhaid anghofio
er lles y galon, er mwyn diwyllio,
gadael fynd, gwenu, dod dros y brifo,
ac yn yr angof hwn mae gobaith dechrau eto.

Rhestr Nadolig

Mae gen i goeden – mae gen i glychau,
mae gen i gelyn – mae gen i ganhwyllau.

Mae gen i gracyrs – mae gen i gardiau,
mae gen i gacen – mae gen i bob dim i'r dathliadau,
gwisg Siôn Corn, gŵydd a goleuadau.

Ond mae un peth ar goll – nad yw gen i o gwbwl.
Does gen i ddim hanes anhygoel un babi a'r holl drwbwl
fu pan ddaeth i newid y ddaear a phob dim arni,
pan ddaeth i'n hachub ni;
stori Crist, stori'r geni, stori'n geni ni – dyw honna ddim gen i.

Merched y mefus

(clywed stori newyddion am ferch fach a'i bywyd hi'n chwalu o'i chwmpas
yn Yemen a gwybod bod fy merch fy hun, yr un oed, yn cysgu'n ddiogel
yn ei gwely yng Nghymru)

Dan ambarél y dail ym mhen pella'r ardd,
pan nad oes neb yn edrych,
lle mae'r pridd cudd yn cynllwynio i gwrdd â'r gwraidd yn y dirgel,
yn y fan lle mae bywyd yn tarddu,
lle mae teyrnas dawel y trychfilod,
draw fan 'co'n y cysgod,
yn guddiedig, yn gyfrinach,
dyna ble mae'r mefus gwylltion yn byw
a'u sibrwd cynnes am hadau trysor o liw rhyddid
yn addo cymaint o'u harogl
a thaenu'r haf ar dafod
yn ddigon melys i'n drysu i lesmair.

Yn y tŷ dan gwrlid ei gwely
mae'n mefusen ni wrthi'n brysur yn tyfu
tra bod pawb arall yn cysgu,
ei llygaid pefr ynghau yn dynn
yn chwyrnu'r oriau i ffwrdd yn chwyrn
hyd nes i'r diwrnod lasu
ac iddi hi ymestyn ei breichiau a'i choesau fel lastig,
dylyfu gên a gwenu,
neidio o'i chae sgwâr cysurus
a thasgu mewn i'r diwrnod.
Dyma fy Syfi i – fy nhrysor, fy merch, fy ngem i.

Yn Yemen, man pell o 'ma,
mae Alaa sy'n mynnu gwisgo modrwy
ar ei bys bob dydd o'i bywyd byr
oherwydd mae gan fodrwy bŵer i'w diogelu hi a'i theulu
tra bo'r bomiau'n blaguro'n hyll o'i chwmpas fel hunllef-ardd.
Dyma'i thrysor hi – modrwy gan Mam-gu –
modrwy siâp mefus, fel cusan ar wefus, modrwy hapus,
modrwy fach goch, fwy nerthol na'i gwerth.
Ddaw dim drwg i Alaa
tra bo'r fefusen ar y bys yma
a'i ffydd mewn cyfiawnder
yn gyfan,
am y tro.

Wy'n gallu

(*Gall Lota wneud popeth, bron* oedd teitl cyfrol i blant yn y saithdegau.
Weithiau, mi ydw i'n teimlo fel Lota.)

Bob bore, yn blygeiniol,
wy'n deffro, datblygu cwsg o'i blet a mwstro
i ddechre diwrnod arall eto.

Reit ...
wy'n estyn mewn i fola wardrob tywyll, cyfrinachol,
dewis dillad, er mwyn edrych yn dderbyniol
a pheidio codi cwilydd
arnaf fi fy hun nac ar neb arall o ran hynny.

Ac wele ...
wy'n gallu edrych yn y drych a gwneud
fy hun yn ddigon smart
fel pan wy mas – sai'n stopo unrhyw geffyl a chart.

A phob dydd ...
wy'n gallu helpu 'da gwaith cartre,
adolygu am arholiade, neud aml-dasge ysgol astrus,
cynnig cyngor, datrys dryswch,
dod â gwên i wyneb surbwch.

Wy'n gallu pobi, gallu gwinio,
gallu peinto wal, papuro,
gallu tynnu llun o fochyn,
gallu palu'r ardd a phlannu blodyn.

Wy'n gallu cadw teulu ynghyd
a mynd i'r gwaith ar yr un pryd.
Wy'n gallu canu, gallu chwerthin,
gallu gweud jôcs rŵd a wedyn,
os wy yn y mŵd,
wy'n gallu dawnsio yn y gegin
yn ddigon da,
jyst na fydda i ar *Strictly Come Dancin'*.

Wy'n gallu dadlau'n swnllyd neu yn dawel
ac ymladd dros fy nhipyn cornel.
Wy'n gallu agor 'y ngheg
a gweu ystyron mewn i frawddeg
sy'n synnwyr pur o'i diwedd hyd ei dechrau'n deg.

Ond yn fwy na hyn, yn fwy na hyn i gyd,
wy'n fardd
sy'n arddel geiriau disgleiria'r byd.

Y modrybedd panto eithafol

Ma pob fisit yn epic, yn syrcas ddramatic, yffachol
gan y modrybedd panto eithafol
sy'n cynnwys pob un o'r canlynol –
handbag diwaelod, persawr llesmeiriol, cusane lipstic ymbelydrol
y bydd angen lot fawr o rwto boche'n fflam i'w gwaredu
'da nished bapur dodji, sneb yn gwbod o ble ddoth hi,
sbo chi'n sheino fel pwrs embarasing y milgi.
'Wwww … Wel … shgwlwch! Shgwlwch gwmint mae wedi tyfu!
O! Mae'n hansym boi [*slash*] merch lyfli, gwmws fel hart-throb [*slash*]
     balerina,
bydd hi [*slash*] fe'n torri calonne rownd y ril, reit i wala.'

Jyst fel 'na maen nhw'n cyrraedd bob tro,
y modrybedd panto eithafol,
llawn ffanffer llafar o grimplîn,
ryw *nice little outfit* lawr at y ben-glin,
yn storom swsys gwlyb a lot o gwtsho –
prun a bo' ti moyn e ai pido –
eu harian cildwrn cudd …
'Shgwl! Rwpath bach i ti wario. Hisht! Rho fa gatw er mwyn dyn.'

Y mynwod hyn sy'n masnachu mewn embaras tywyll
achos maen nhw wedi gweld y cwbwl, credwch fi,
fe welon nhw ti'n glychu dy bants yn y sêt fawr pan o't ti'n bump,
nid yr Arglwydd o'dd dy fugail di'r diwrnod hwnnw,
a'r tro 'na gnoiest ti fabi tu fas i'r *gas showroom*
pan ffrwydrodd pawb yn histerics achos dynnest ti waed – KA-BOOM!
Ond sdim taten o ots 'da nhw, achos …
nhw yw'r modrybedd panto eithafol,
y mynwod crinji-Cymreig mamol sy'n croshio cariad o dy gwmpas di'n
     dynn fel siôl,

yn neud yn siŵr bo' ti'n byta sbo ti ffaelu hwthu,
yn ychwanegu siwgr at bob dim i gadw dy fyd yn felys,
dy fagu di'n fabi ar fronnau o faint yr Himalaya
sbo ti'n cwmpo'n swp oddi ar y glogwyn glustog fronnog i lesmair
breuddwydiol.

Nhw yw'r rhai sy'n *hanner* gwrando
ar dy straeon am bethe smo nhw'n eu deall
gyda chorws anferthol o synau anghrediniol anogol,
'Wel gwetwch y gwir! Ffansi!'
Nhw yw'r rhai fydd yn cadw dy bart bob tro,
yn bygwth gwae ar elynion cae chwarae,
GBH a *thumb screws*, ffor deff ...
'Ffôr shêm! Tŵ bad ... ma hwnna'n *beyond*! Roia i halen yn eu cawl nhw!'
Nhw yw'r rhai sy'n dwli'n bot arnat ti –
nhw a'u hecstrîm ebychu,
nhw a'u ffyrdd *shampoo-an'-set-in-their-ways* hen ffasiwn,
nhw a'u shgwlwch, a'u loshin sugno,
nhw a'u cariad sy'n ddigon i foddi'r môr fesul ton,
nhw a'u ffydd lwyr hollol ynddot ti
am mai *ti* yw cannwyll eu llygaid
a bydd y fflam hon yn ffyrnig barhaol,
yn llosgi'n ysol,
sdim corwynt yn y byd yn ddigon difaol
i ddiffodd hon
am mai *nhw* yw'r modrybedd panto eithafol.

Am fod yn rhaid i ni

(profiad y gwragedd wrth fedd Iesu)

Daeth deffro'r dydd hwn yn dawel,
ei ymystwyrian yn oriau'r anymwybod
gan ymestyn ei freichiau breuddwydiol i gofleidio'r wawr.
Ond ar amrant y bore
yn sydyn
daeth sylweddoliad am hen boenau fu yno erioed
a'n llenwi ag un anadl hir ochneidiol glwyfus.

Nid yw ef yma'n ein plith,
yr un fu'n ein cynnal,
yn ein dysgu, yr un ddoth â dadeni i ni;
yr un agorodd ei galon ei hun drwy lefaru cariad –
geiriau ysgafnach na'r awyr
yn gryf fel plu
â grym petalau iddynt –
yr un ddaeth i'n hachub rhag gorthrwm tafodau ofnus.
Yr un a watwarwyd,
yr un a groeshoeliwyd,
yr un a gladdwyd,
yr un nad yw yma mwy.

Y bore hwn,
fe awn a'n dwylo'n llawn perarogl i wneud iawn,
ennaint i enaid rhy fawr i'r byd hwn.
Fe awn i dalu'r gymwynas olaf,
iro'r melys i archoll chwerw.

Ac fe aethom i'r ardd yn griw o wragedd a welodd wyrthiau,
menywod a fu'n gwylio, yn gwenu, yn wylo,
menywod a fu yno bob tro.
Dyma ni'n drindod oedd yn gwbod beth oedd o'n blaenau
a gwneud hyn am fod yn rhaid i ni.

Cyrraedd a gweld ar lan bedd benthyg
ei fod ar agor, nad oedd ei gorff yno
a dim yn ei le,
ogof wag yn waedd fel rheg o geg salw,
y cyfan oll yn gelwydd
a phopeth yn llwch i'w chwythu ymaith gan y gwynt.
Fe'n dallwyd gan ddagrau a diffyg deall,
sut ddaeth y cyfan gogoneddus hwn i ddim
ym mydysawd newydd sigledig ein bod?
A'r dim hyll hwn yn fwy nag ef ei hun –
y cof amdano, ei weithredodd, ei eiriau – yn dechrau simsanu a sigo
a chrac yn ymddangos yng ngwneuthuriad y cread.

Aeth y byd yn ddu i ni – yn ddim.
Hyd nes y trawodd mellten o lais,
'Y mae'n fyw, fe gyfododd,'
a goleuo'r düwch am eiliad anhygoel o unig
gan ddangos amlinell gobaith.
Ac yn yr eiliad aur honno
daeth pob dim yn glir
a phob gwir yn fyw.

Ffair Aberteifi

Mae 'na rai nosweithiau sy'n aros yn y cof yn glir
ac ar noson hir fel hon
pan mae'r lleuad yn hen a blin,
yn cuddio heb *alibi* y tu ôl i gymylau,
mae ysbrydion
ffeiriau'r gorffennol yn ticlo'r cof a whare hen drics,
y ffroenau'n llenwi'n felys a chyfoglyd
â siwgr cynnes candi-fflos.
Ffeiriwn i'r un atgof am ffeuen o'r ffair.

Daw pobl o'r mynyddoedd i dywyllu'r dre,
i chwyrlïo o gwmpas ar longau gofod llawn lliw
a chwydu chwerthin ar hyd y stryd.
Hen ddynion o Hong Kong heb goesau,
mamau'n rhydd rhag eu plant am noson,
cariadon yn crwydro pafinau
law yn llaw'n hamddenol
gan esgus byw priodas.
Pob stondin yn cynnig
addewid am rywbeth
fydd yn
newid bywyd yn llwyr,
yn creu Aberteifi newydd o fflwcs plastig,
o flaen eich llygaid,
neu'ch arian chi'n ôl!

Rhwng polion lamp mudan
mae marchnad gyfan yn gweu –
cyfandir cwsmeriaid wedi'u cyffroi gan chwyrligwgan llesmair y ffair.
Mae'n wyllt, mae'n hudol, mae'n feddwol, mae'n rhyfeddol.

Erbyn bore, fydd dim ar ôl o'r holl sioe
ond papurau gwag sglodion ddoe.

Celfi al ffresgo

Mae rhywbeth ar droed yng ngheginau Cymru,
rhyw hen swmbwl rhyfedd ym mherfedd boliau
rhewgelloedd y wlad
sy'n rhynnu mewn corneli oer ac yn ysu am
gysur golau cynhesach na'r un sy'n dangos
bod y drws ar agor.

Mewn lolfeydd ledled y wlad
mae soffas anniddig yn dyhcu am fod yn rhywle arall –
yn bolaheulo mewn parc braf o bosib
o dan gysgod coed ar gyrion dinas anghyfarwydd
a chadeiriau esmwyth yn hamddena'n foethus gerllaw.

Felly daeth yr amser i fyw tu fas
ac addurno'r byd â phapur wal diderfyn yr awyr,
creu chwyldro o'r tu fewn allan.
Na chaniatewch i'r waliau eich cyfyngu mwy!

A phob hyn a hyn
efallai fod popty unig i'w weld
yn stelcian ar gornel stryd yn fud,
yn falch i fod ymhell o wres y gegin,
ac ar draws yr heol bydd lamp yn pwyso ar bostyn
yn obeithiol am gwmni hawdd *three piece suite*
a charped glaswelltog i gyfanu'r *look*.

Bydd toiledau'n ymgasglu'n dodji
mewn hen sgips rhwd
yn y gobaith y cânt grwydro i ganol gwyrddni
heibio'r iw-bend
a mas i borfeydd brasach
yn rhydd, yn ddilyffethair,
i oedi ar lan afonig a chlywed ei thincial chwerthin
ymhell o'r bleinds a'r rholiau papur.

Mae gan gelfi deimladau
ac mae angen eu maldodi,
eu gadael yn rhydd i bori
tu allan i'r tŷ.
Wedi agor y llenni a dangos addewid o wlad arall
i bob celficyn
lle mae'r golau ynghyn a phawb adre
a chroeso cynnes
ym mharlwr y Fam Ddaear
dim ond i chi sychu'ch traed ar y ffordd mas.

Diflaniad Llangynnwr

I'r de ar draws llain y dyffryn
lle mae gwartheg a gwyddau'n pori'r oriau,
lle mae'r afon ddisglair yn cripian
mewn a mas yn ddiog o'i gwely
ar hyd y dydd
yn gyson fel anadlu.

Draw fan 'co
wedi iddi nosi,
pan fo'r lleuad wedi rhwydo'r sêr i wrando ar swyn ei stori,
dyna lle mae Llangynnwr
yn llawn lledrith y goleuadau llachar ffansi
a thai newydd
yn casglu straeon o'i chwmpas,
yn creu sôn amdani
ymysg pobol hen ffasiwn y dre
fel tipyn o le ecsotig, tu hwnt,
yn bentre tylwyth teg,
goleuadau'n twinclo'n bert ar hyd y bryn.
Nyth o gymuned
draw fan 'co
yn nyddu strydoedd yn gyflym i'w gilydd,
gan greu rhywbeth allan o ddim
a chadw bywydau'n ddiddig
yn ferw clòs cynnes
sy'n syndod o syml i weddill y byd
fan hyn.

Ac yna un bore bach annisgwyl
wedi rhwbio llygaid anghrediniol cwsg,
fe welwn bellach nad *oedd* dim byd yno,
dim oll ar ôl,
dim golau'n tystio i gartrefi'r llu a rhialtwch y criw.
Dim cysgod strydoedd na thai'n
cwmanu i'w gilydd
i rannu'r jôc fewnol
am fyw yr ochr *hon* i'r afon,
dim byd,
dim ond hud,
a'r hen Ddyfed dwyllodrus wedi arllwys tarth
dros afon Tywi unwaith eto
i'w sblashio ar hyd y caeau.
Does dim golwg o fwclis golau'r clymau perthyn
yn addurno'r ochr draw
a'r holl fywydau fu'n britho'r bryn
unwaith.
Dim ond tawch
a thawelwch.
Mae Llangynnwr wedi mynd.

Gadawyd Caerfyrddin yn fud.

'Dyw hi byth yn rhy hwyr'

(graffiti ar arwydd ar heol Nantgaredig y tu fas i Gaerfyrddin)

Dyw hi byth yn rhy hwyr i ddim,
ma wastad amser,
medd geiriau'r graffiti
wedi'u sarnu ar y ffordd.
A fydd hi fyth yn rhy hwyr i ni yma,
tra bod pobl yn sgrifennu 'da dwylo cudd
a ffydd gweledydd
ar hyd yr heolydd
na fydd hi'n rhy hwyr i ni.
Daw haul ar fryn bob tro
ac enfys cyfan gwlithog wedi glaw
i wenu wyneb i waered
mewn seithliw seicadelig
a sychu dagrau difaru ymaith
yn llwyr.

Cerdd a adawyd ar ôl

Lle rhyfedd i gadw cerdd, meddet ti –
ar silff y tu ôl i ddarlun.
Ond pan weli di'r sgrapyn bach
yn llechu'n y llwch
yn nyfnder un noson
pan na fedri gysgu
neu yn nhrymder gaea a'r gwynt ar ei filain oera',
gwnei ddal dy anadl
a chofio'n grisial glir
am ferch greodd fydysawd i ti
yn ei llygaid
a rhwng ei chluniau,
am ferch fu ar ei gliniau'n
crefu am gael dangos iti'r ffordd
drwy olau ei dagrau llachar.
Ac mi gofi hefyd
am y perthyn,
am ddau wedi'u torri o'r un brethyn,
am ede rhy dynn,
am rwygo'r pethau coll
o'u cynefin,
a'u chwalu –
am doddi, am faddau, am foddi.
Bryd hynny, fachgen,
bydd dy galon
yn torri.

Y faneg unig

Doedd hi ddim fod i lithro o afael
a cholli'i gwres ar oerfel pafin dieithr,
colli nabod ar law fechan wnaeth hi,
llacio, gadael fynd,
maneg las a weuwyd gan fam-gu,
maneg bitw a grëwyd gyda'i phartner i fod yn bâr diddos,
i gynhesu bysedd prysur plantos.
Pob pwyth yn gwlwm perthyn
yn gwtsho, yn gariad, yn chwerthin.
Ar y palmant anghynnes, dim ond rhacsyn trist yw hi.

Arogl y blynyddoedd

Daw sawr glân y canghennau pinwydd,
sy'n hongian yn drwm dan addurn,
i arllwys yn don ar draws y tŷ.
Yr adeg hynny o'r flwyddyn yw hi.
Mae'n gweithio'i ffordd o'r stafell fyw barchus
a gwthio drwodd yn ewn i'r gegin anniben gynnes
ble mae pawb yn closio a chwrdd dros y bwrdd.
Yr arogl hwn sy'n glanhau'r flwyddyn
o bob darn o edifar
am bethau a ddywedwyd,
am bethau na wnaed.
Yr arogl hwn sy'n deffro'r cof am flynyddoedd
a aeth heibio,
dro ar ôl tro,
eto ac eto,
yn haenau hiraethus o gofio,
tenau, hawdd eu rhwygo,
fel papur lapio.

Rhyw sŵn anghyfarwydd

Ac yn y dwndwr distawrwydd efallai y clywi di
dawelwch yn diasbedain
a'r hyn sy'n wahanol am y sŵn mudan hwn yw ei fod
yn suo pobl flin i arafu, ymlonyddu a gwrando,
i droi o'r dadwrdd at siambr yr enaid, efallai ... dim ond am ennyd.

Nid rhyw brepian papur newydd ydyw,
na sgrechian penawdau hy chwaith,
nid trydar byddar dienaid rhyw hen adar ar wifren anweledig,
y dwrdio, y ffrwstio a'r ffusto sy'n rhan o bob dydd hirfaith.

Anadlu mewn a mas ... anadlu mas a mewn ...
Rhoi pob dim mewn trefn
a chlywed tangnefedd,
lle mae'r byd i gyd yn fodlon ar ei fyw,
rhyw sŵn anghyfarwydd yw.

Y goeden bants

Mae'r goeden gelyn ar ben yr ardd
yn un rhyfeddod o bantsys hardd,
mae'r hen lein ddillad yn gwegian dan bwyse
llond tŷ o drowseri, blowsys a chryse
sy'n dawnsio'n llon mas ar owting am y diwrnod,
'co holl drigolion y droriau'n cyfarfod.

Ac fe begiwyd y cwbwl gerfydd sgwydde a llodre
i hongian ambiti a dangos eu botyme,
felly does dim lle i'r holl bantsys a niceri
i greu pantomeim anfoesgar o ffrils a direidi,
druan â'r dillad isa, baw o waelod y domen,
cyfrinach shabi'r pentwr golch anniben.

Roedd rhaid panso i ffindo rhywle i'r pants fyrhoedlo
i sychu'n grimp yn y gwres a phen-ola-heulo.
Sdim lle ar y lein ond mae'r goeden gelyn
yn estyn ei breichiau'n awchus i'w derbyn.
Ac yno'n jacôs, caiff pob *gusset* orffwyso
yn ewn yn yr haul, pob blwmer yn blaguro.

Cynhaeaf y pants ddaw'n wythnosol o'r ardd
yn yr haul dros yr haf o'r gelynnen hardd,
sdim eirin i'w cael, dim ond pants rif y gwlith
fydd yn sychu ar fachau crafangog yn syth.
Ma gan bawb yr hawl i gael pâr o bants glân,
jyst newch yn siŵr sdim celyn tu fewn pan rowch chi nhw mlân.

Pendilio

(yn ystod Covid)

Tic-toc, tic-toc,
fe arafodd bysedd y cloc
a'r hen bendil yn dod i … stop.

Mae'r drysau'n glep dan glo a phawb yn meudwyo,
am y tro,
daeth amser i olygu dim,
fe gollon y gallu i gyfri,
a ninnau wedi drysu,
pob diwrnod yn rhy debyg i'w gymydog,
yr wythnosau wedi toddi.

Dyma ni, ar ganol amser sero
ble gallai rhywun fynd o'i go'
ac yno,
fe wnawn bendilio
rhwng ofni a gobeithio,
rhwng chwerthin a chwato,
rhwng byw'n fychan a breuddwydio.

Mae'n llonydd ar y lonydd
a'r byd i gyd yn ddigon bach bellach i'w ddala
rhwng bys a bawd,
yn ddigon crebach a phitw i'w gadw yng nghledr y llaw,
neu ei anghofio'n rhy rwydd
ym mhoced rhyw got anghyfarwydd.

Ac yn y dim hirfaith hwn sydd heb derfyn nac ymyl iddo,
fe deimlwn ni'r pendil yn dechrau symud eto,
gan sylwi ar sŵn araf tic-toc curiad calon drom y cloc
yn nhawelwch marw'r tŷ
ble mae'r llwch yn rhy ddiog i gronni,
ble mae heddiw yn ddoe, ac yfory,
ble does dim bore na phrynhawn na heno wedyn,
ble mae'r un frawddeg ar ei hanner ers meitin.

Ond mae symud i'w synhwyro ar y stryd,
mae amser yn dal yn fyw o hyd.

Pwllgwaelod

Dacw ddot yn y pellter, dacw dŷ ar y gorwel,
dacw deyrnas gyfan
rhwng rhychau gwlyb y tonnau.
Dacw gwch,
sy'n mynnu cyfnewid cewyll gweigion am gimwch.
Cewch sefyll yno i'w wylio.

Mae'r golau'n dechrau newid ei bwyslais dros y môr,
yn dechrau symud,
yr awel yn blasu'n wahanol,
mwy trwm, mwy melys, yn fwy disgwylgar ar dafod,
mae'n aros am rywbeth.
Ar y tir, tu hwnt, mae mwclis golau'n tynhau am y strydoedd.

Y môr cyfrwys yn llyfn a llithrig, yn llachar
mewn mannau,
yn ddarn o farmor, yn fol morlo,
yn flaen bys, yn fyd â'i ben i waered,
yn bopeth, yn unrhyw beth,
yn ddim byd ond ef ei hun – y twyllwr gonest –
a llond ei ddyfnder o straeon a helbulon
yn barod i'w harllwys hyd y traethau'n stŵr o ewyn a chymylau hallt.

A dacw nhw'n dod,
wedi'r cimychio ym Mhwllgwaelod!
Y cwch bach a'i lond o grancod, llyswennod,
trychfilod môr, dynion a physgod
wedi'u lapio'n dynn a'u clymu mewn parsel gwymon a halen
a hanes anhygoel
un fordaith.

Y pethau bychain

Y pethau bychain sydd rhyngom,
rhain sy'n ein clymu,
dyma'r pethau pwysig,
wnawn ni ddim anghofio hynny.

Un edrychiad, un cyffyrddiad,
un wên ac un bwriad,
i gamu gyda'n gilydd, o heddiw hyd y diwedd – dala dwylo,
mentro, un cam gofalus ar y tro.

Ni ein dau yw'r rhai sy'n cerdded
drwy weddill ein bywydau,
ac os tyfwn ni'n deulu, ti a fi,
yn dri neu fwy, neu'n ddwsin, o bosib,
wel, bydd hynny'n ddiléit, yn olréit, yn ddigon da,
cawn wau atgofion teulu ni'n dynn, dynn amdanom.

A phan fyddwn ni'n hen, cei gofio'r pethau bychain bob un,
pob profiad tawel, pob jôc ddirgel,
pob stori, pob storom –
eu hanwylo'n y cof
a holi,
i ble'r aeth ein holl ddyddiau, dwed?
Cei gyfri camau'n bywydau pleth
ar hyd llwybr hir y blynyddoedd,
fesul un ac un yn ddi-feth
yn ôl at yr heddiw hwn,
pan mai ni ein dau oedd canol llonydd y byd mawr crwn,
'nôl at y diwrnod,
pan ddechreuodd pob dim.

Mae Menna Elfyn wedi dwyn fy mhyjamas

Gyda'r nos bellach rwy'n noethlymun,
yn esgymun
rhwng y shîts heb stitsh amdana,
naked as the day I was born
heblaw am y ffaith i fi bwytho
fy nghywilydd o 'nghwmpas yn dynn
i 'nghadw i'n gynnes gyda gwres fy ngwrido ... fel hyn ...

Oherwydd mae Menna Elfyn wedi dwyn fy mhyjamas
ac yn eu gwisgo'n hy mewn mannau pellennig a chyfagos
heb 'run edau edifar o embaras;
yn y Barri, Bargoed, Bordeaux a'r Bahamas.
Nid bardd, bardd heb byjamas,
ac mae Menna Elfyn yn gwybod hynny,
dyna pam wnaeth hi fynnu
mynd â'n siwt gysgu,
fy nillad breuddwydio,
fy threds chwyrnu
reit o dan fy nhrwyn i gyda hi,
er mwyn medru darllen ei cherddi,
bod yn fardd ac yn fenyw grŵfi.

Ond rhyw ddydd, pan fydd hi'n darllen cerdd
yn gariadus ofalus gyfarwydd i'w gwrandawyr,
mewn caffi'n rhywle dierth,
ar ben coeden mewn cae,
dan ddŵr disglair yn y bae,
neu ar fuarth fferm estrys estron yn Estonia,
yn annisgwyl ... byddaf yno i ...
dynnu oddi amdani,

i gymryd fy mhyjamas yn ôl,

i'w dinoethi hi a'u hailfeddiannu,

ei gadael hi'n fardd heb gragen i grynu ynddi,

yn feddal,

heb ddim ond ei cherddi i'w chuddio

ac ambell gwpled yn gysgod –

dedfryd lem i'r pyjama-leidr euog.

Ac mi gaf i drwmgysgu'n farddol felys goeth

wedi blynyddoedd hir y nosweithiau noeth,

brau, bregus fel adenydd,

heb awen-freuddwydio,

ac wrth i 'mhen suddo i goflaid y gobennydd

caf dreulio awr o hun fy hun yng nghwmni englyn neu gywydd.

Cymer rywbeth gen i at dy siwrne

'Co ti!
Ti 'di prifio!
Yn dechre tyfu mas o dy ddillad newydd eto,
yn grwtyn go iawn,
yn styfyn gricoi,
yn dipyn o foi.
Mae'n teimlo fel mai dim ond ddoe
gest ti dy eni.
Ddoe gest ti dy greu,
dy wthio i'r byd,
dy wasgu, dy lusgo, dy regi
yn chwys a gwaed a chariad i gyd
a mynnu i ti fyw,
anadlu enaid ynot ... ac yna ...
ymddiried yn dy allu rhyfeddol
i oroesi.

'Co ti,
'machgen i,
yn clatsio mellt o dy sodle
a tharanu lawr strydoedd y wlad
fel taset ti'n ei pherchen.

Cofia beth wedes i,
cofia whare'n neis,
cofia wrando, cofia wenu,
cofia rannu.
Ond yn bennaf oll,
cofia mai ti yw ein crwt ni
ac na fyddi di byth yn ein siomi.

Mae gen i gof am y dyddiau glas hynny
o wylio a rhyfeddu at dy ddawn i ddysgu,
dy gropian yn troi'n gerdded gofalus
a thrwy gleisiau'r camau gwag,
dy weld yn dod i redeg.

Parablu pwll môr disglair,
pwytho gair am air fel mantell
a malu'r awyr yn dipiau mil-ddarn gloyw,
cael blas ar emwaith y geiriau,
eu sain, eu heffaith, eu mwythau,
dysgu eu trin fel arfau
a gosod min ar lafnau dy gleddyfau.

A 'co ti,
'rhen fachgen,
fy annwyl un,
fy mhlentyn euraidd, pen-wallt-wyllt
wedi tyfu ac aeddfedu
tu hwnt i 'nghredu
ac wy mor falch ohonot ti
er i fi betruso drosot sawl-tro, eto ac eto.
Wyt ti'n barod?
Oes gen ti ddigon?
Cymer rywbeth gen i at y siwrne, wnei di?

A 'co ti –
wedi camu o'r cysgodion
ac anelu tua'r haul.

Egni

Cyn y dim
bu rhywbeth –
rwy'n sicr o hynny –
rhyw fath o egni,
y peth sy'n gyrru,
yr anweledig anniddig,
yr hwn sy'n ymddangos ar amrant,
mor solet ag anwedd ar wydr
neu lwybr traed ar draeth
cyn llusg y llanw.

Ond ymlonydda,
rho dy law ar dy fynwes a theimla'r gwres,
cyfra bob curiad,
y rhai pitw bychan sy'n mesur einioes gyfan,
profa'r trydan
fel clec sydyn ar dy gledr,
teimla'r grym yn gwreichioni.
Ac yn llif yr holl afonydd gwaed
sy'n ffrydio drwyddot
fe glywi'r bywyd
yn dadwrdd yn dy glustiau,
dy fyddaru i bethau'r byd weithiau,
moelyd pob synnwyr
a chwalu pethau call
yn siwrwd.
A rhywle yn y dwfn,
mae'r rhywbeth byw yn mynnu sibrwd.

Anadla.

Gadael y parti

(i'r rhai fu farw'n rhy ifanc)

Daeth ar anterth pethau,
y rhywbeth hwnnw wnaeth dy arwain i
adael y parti cyn pryd.
Camaist heb ddweud gair
o firi'r ffair drwy ddrws y bac,
gan lithro tua'r nos a'i liwiau rhyfedd.
A phan ddaw awr y dathlu i'w ferw naturiol brwd
bydd rhai yn sylwi nad wyt ti yno mwy,
bod dy le di'n wag.
Bryd hynny, fe godwn ein gwydrau
gan wybod
y byddet ti wrth dy fodd.

Cot Mam

Un diwrnod yn lled ddiweddar –
heb sylweddoli –
mi wisgais fy mam amdana.
Rhaid 'mod i wedi estyn amdani o gwpwrdd y co'
ei thynnu o 'nghwmpas,
heb feddwl sbo,
a suddo i blygion cysur y cof am ei chroen a'i phersawr,
ei breichiau mamol a'i hanwyddoldeb.

Towlais bip i'r drych a gweld,
ie, mwya'r syndod,
bod Mam yn dynn amdana
fel cot gyfarwydd.

Craffu eto, rhag ofn, ond mae'n wir,
hi sy'n syllu 'nôl, nid fi.
Fe lyncodd fi'n fyw
pan nad oeddwn i'n edrych,
mae'n rhaid.

Es yn agosach at y drych i rannu,
sibrwd cyfrinachol mewn anwedd rhwng dwy:
Pan rhof fy mhen bach lawr i gysgu
mi welwn ein gilydd eto, Mam,
gyda'r nos yn nhŷ'r breuddwydion
er mwyn hala cwpwl o oriau hiraethus yn siarad nonsens
a jyst joio'r cwmni
am fy mod i'n eich colli chi
bob munud o fy oriau effro.
A chyn daw'r bore,

pan fydd y nos yn dal yn ei blet,
mi rowch eich cot amdana i eto, Mam,
ei chodi'n ofalus hyd 'y mreichiau
a'i gosod yn dyner am fy sgwyddau,
fy arfogi gyda'ch gwisg.

Caf gip sydyn yn y drych cyn gadael y tŷ
i weld 'mod i'n dal i'ch gwisgo chi.
Gwthiaf fy nwylo'n ddyfnach i'r pocedi.

Mae 'na ddynion yn gorwedd mewn caeau ym mhob man drwy Gymru

Pan ddaw'n dymor gorweddian
a'r haul yn ei hwyliau'n hongian
yn beryglus o isel oddi ar ganghennau a bargodion,
mae'r dynion yn ymddangos,
yn y glaswellt,
mewn caeau ar ochr heolydd,
dan goed yn llonydd,
wrth fôn cloddiau ac ar lan afonydd,
ger hen byllau glo ac mewn mynwentydd –
yn eistedd, yn ystyried, yn pwyso a mesur, yn cnoi cil,
yn gwylio, yn macsu meddyliau, yn corddi breuddwydion.
Daeth yr haf ag amser newydd gydag e
yn gwmwl gwybed digon diog i ddrysu bysedd cloc.
Ac o'r lleiniau lle mae amser yn llonydd
mae'r dynion mud yn gorffwys ar eu breichiau,
yn 'styried bwrlwma trwstlyd
y gweddill chwyslyd
sy'n glymau o geir a negeseuon.
Symuda eu llygaid tuag at y gorwel tawel,
cyson, gwastad
ac o'r fan honno, pwyso 'nôl i gôl y gwair
a syllu i fyw llygad yr haul.

Pancos difaru

'Beth am bancos?' meddech chi'n obeithiol.
'Beth *am* bancos?' medde finne'n siarp.

Mae'n ben-blwydd ar rywun ...

Slawer dydd byddai crempog i de pen-blwydd
a bwrdd y gegin yn gwegian o dan bwysau tyrrau ffroes tew,
arogl sâm a siwgwr yn ddigon i lenwi'r bolie hyd at fosto
dyma sut oedd dathlu flynydde 'nôl meddech chi.
Ond do'n i ddim yn gwrando.
'Wy wedi neud tishen i chi. Chimbo', un jyst fel chi'n lico.'
Ac wy'n dishgwl iddo fod yn ddiolchgar.
'Dim pancos?'
'Ddim heddi.'

A dyna'n tro ola ni'n slipo heibio
heb i fi wybod,
byddai dim mwy o ofyn am bancos
er mwyn cael blasu ddoe'n felys,
a dim mwy o rannu straeon pert am bleserau syml.

A phob tro wy'n estyn am y ffrimpan nawr,
ei baratoi, ei iro'n ofalus,
arllwys llond lletwad o'r cymysgedd sy'n dwyllodrus o syml i'w wneud
a'i wylio'n lledu'n grwn a chynnes,
daw arogl fel difaru i fy ffroenau,
am bob tro na wnes i fflipin pancos i 'nhad.

'Diolch am bopeth,' medde fe gyda phob diwetydd fel pader nos.
Diolch am bob dim, Dad, heblaw am bancos.

Cysur

Mi ddarllena i ti Mam,
ti'n gwbod,
pan ti'n marw.
Mi stedda i ar ymyl dy wely
cydio yn dy law a'i mwytho'n ysgafn
yn gwmws fel o't ti'n arfer neud i fi
pan o'n i'n fach.
Yna mi estynna i am lyfr,
sdim ots beth,
ac er nad ydw i'n un am ddarllen,
fel ti'n gwbod,
mi fydda i'n bwrw iddi.
Bydda i'n agor y clawr
cymryd anadl fawr
a dechre yn y dechre
gan wneud y lleisie i gyd hefyd,
a fydda i ddim yn stopo
hyd nes y diwedd.
A phan fydda i'n gorffen,
yn y tawelwch,
bydd y ddwy ohonon ni'n ochneidio
ac yn dweud, yn gwmws ar yr un pryd,
dyna beth *oedd* stori dda.

Cydnabyddiaethau

Daeth rhai o gerddi'r gyfrol hon i olau dydd am y tro cyntaf yn sgil nifer o wahanol gomisiynau. Hoffwn ddiolch i gyhoeddwyr canlynol: Gwasg Honno ('Ma Mam yn dweud' a 'Triongl tragwyddol'), Gwasg Carreg Gwalch ('Pellter', 'Ces syniad *really* dda am gerdd yng Nghynwyl Elfed', 'Pocedi dwfn', 'Sgidie chwim chwimwth', 'Ga i dri phwys o foron, os gwelwch yn dda?', 'Gwallt', 'Ôl traed Siôn Corn', 'Pwllgwaelod' ac 'Mae Menna Elfyn wedi dwyn fy mhyjamas'), Gwasg Seren ('Mae 'na ddynion yn gorwedd mewn caeau ym mhob man drwy Gymru'), Gwasg Gomer ('Cwsg ac effro', 'Blodau'r Haul', 'Dŵr' ac 'Y pethau bychain'), Cyhoeddiadau Barddas ('Cwtsh', 'Ffair Aberteifi', 'Celf al fresgo', 'Difianiad Llangynnwr', 'Dyw hi byth yn rhy hwyr' ac 'Egni') a Rack Press ('Dy galon ofalus', 'Y faneg unig', 'Arogl y blynyddoedd', 'Cerdd a adawyd ar ôl', 'Rhyw sŵn anghyfarwydd' ac 'Ar fore Sul fel hyn'). Clywyd rhai o'r cerddi hefyd ar BBC Radio Cymru fel rhan o brosiect Bardd y Mis ac ar y podlediad barddol, *Clera*. Bûm hefyd yn ffodus i fod yn rhan o brosiect Her 100 Cerdd gyda Llenyddiaeth Cymru yn 2019 ac mae rhai o'r cerddi'n gynyrch y prosiect hwnnw'n ogystal. Diolch hefyd i Gyngor Celfyddydau Cymru am grant ysgrifennu a'm galluogodd i allu ystyried 'mod i'n fardd yn y lle cyntaf.